# AL ESTE DE
# LA HISTORIA

Diego Fischer
Silvia Pisani

# AL ESTE DE LA HISTORIA

AGUILAR

ALFAGUARA


Javier de Viana 2350. 11200 Montevideo
Teléfono 4027342
Telefax 4023741
Internet: http://www.santillana.com.uy
Correo electrónico: edicion@santillana.com.uy

• Grupo Santillana de Ediciones, SA (Alfaguara)
Torrelaguna, 60. 28043 Madrid, España.
• Aguilar, Altea, Taurus, Alfaguara, SA
Beazley 3860. 1437 Buenos Aires, Argentina.
• Santillana de Ediciones SA
Av. Arce 2333, La Paz, Bolivia.
• Aguilar Chilena de Ediciones, Ltda.
Dr. Aníbal Ariztía 1444, Providencia,
Santiago de Chile, Chile.
• Santillana, SA
Prócer Carlos Argüello 228, Asunción, Paraguay.
• Santillana, SA
Av. San Felipe 731, Jesús María, Lima, Perú.

Asistentes de investigación.
En Punta del Este y Montevideo: Ana Moreno de Paladino.
En Buenos Aires: Sofía Corral y Laura García.
En San Pablo y Rio de Janeiro: María de la Paz Horta.

Cubierta: Obra de Adolfo Sayago.

ISBN: 9974-653-38-X
Hecho el depósito que indica la ley.

Primera edición: Diciembre de 1998. 1000 ejemplares
Segunda edición: Junio de 1999. 1000 ejemplares

*Para Isabel, Valentina y Joaquín,*
*por nuestros sueños y juegos compartidos frente al mar*

D. F.

*Para Fernando:*
*por los mejores atardeceres frente al mar*

S. P.

Gracias a: Nicasio del Castillo Lussich, Eleonora Rossi Lussich, Aitana Alberti, Amalia Lacroze de Fortabat, Adolfo Bioy Casares, Luis Alberto Lacalle e Inés Lacalle de Caviglia, Emilio Nicolás Anchorena (h), Gustavo Magariños, Leandro Hiba, Museo Roca, Andrés Morera, Dante Rinaldi, Fernando Tesouro, Ana María Bozzo de Moya, Daniel Terra y Zulma Bennati de Terra, Martha Fernández, Sofía Corral, Sara Braceras, Elena Beltrán Storace, Camilo Tortorella y muy especialmente a Beatriz Haedo de Llambí.

# Índice

# Once relatos

Punta del Este no fue siempre la misma. Ni siquiera es hoy una sola. La experiencia frente al mar suele ser tan distinta como diferentes son las personas que la viven, año tras año.

A esa diferencia se suma el hecho de que hay una Punta del Este oculta bajo ésta que vemos ahora, tan ruidosa y evidente. Una Punta del Este esquiva, silenciosa, formada entre rocas y médanos sacudidos por el viento. Una geografía que cautivó a centenares de pioneros que sucumbieron ante la belleza de su naturaleza, sin dejarlos ir. Éste es el punto común que encontramos y que une a los once personajes que dieron forma a este libro. Hombres y mujeres con diferente historia, ocupación, época y que, caprichosamente, convocamos aquí para que nos cuenten su propia vida frente al mar. Entre ellos hay ex presidentes, escritores, músicos y empresarios. Gente que es o ha sido pública y otra que no lo fue tanto. Personas desiguales en gustos e inquietudes pero que, sin embargo, compartieron la misma pasión por un sitio al que hicieron suyo.

Son ellos los que vivieron la historia que nosotros ahora tratamos de contar. Son sus anécdotas pequeñas, sus sitios preferidos, sus amigos, su amor secreto y quizá prohibido. Sus placeres, sus fantasías y su espacio de ocio y creatividad los que hacen esta crónica de un Punta del Este que ya no existe y que sólo vive en cada uno de estos protagonistas. O en los recuerdos que fueron capaces de crear y que en algunos casos se transformaron en leyendas.

El punto de partida fue para todos los casos el mismo: sus residencias. Huellas visibles que el lector interesado puede descubrir y de esta forma revivir, al menos en parte, la historia. Y como toda historia tiene un comienzo, el de *Al Este de la Historia* está en la residencia que Antonio Lussich mandó construir a fines del siglo pasado, al tiempo que creaba el bosque de Punta Ballena. Ésta es la única casa, de las contenidas en las páginas que siguen, que hoy está abierta para quien quiera visitarla. Es la excepción: las demás son residencias privadas. Aunque en el caso de La Azotea, la peculiar casona que perteneció al ex presidente uruguayo Eduardo Víctor Haedo, se realizan con frecuencia actividades culturales abiertas a todo público.

El relato recorre también los chalés que alojaron a Silvina Bullrich (La Creciente y La Bartola) y que fueron el escenario inspirador para varias de sus novelas. Aparece además Orfeus, donde se refugió Vinicius de Moraes para escribir muchas de las canciones que compuso con Toquinho. O La Gallarda, que perteneció al poeta español Rafael Alberti, quien encontró allí el mejor abrigo para su exilio rioplatense. El cálido recuerdo de Astor Piazzolla presente en un cedro azul del jardín de El Casco, su residencia de Rincón del Indio, hoy rebautizada por sus actuales dueños con el tanguero nombre de Al Sur. La historia de amor que vivió Adolfo Bioy Casares en su casa del Cantegril o, por ejemplo, el ocaso que se pudo escribir en Ziza, el ancla puntaesteña para la que fue una de las mayores fortunas de la Argentina, la de los Anchorena.

Los juegos e historias que compartió con sus nietos Luis Alberto de Herrera en El Cangrejito, con sobria arquitectura, reconocible para quien camine por la parte más austral de la rambla de la península. O las protegidas residencias de Amalia Lacroze de Fortabat, tanto la que posee en San Rafael como la que adquirió hace poco tiempo en José Ignacio, siguiendo el derrotero de quienes buscaron un poco más de intimidad más al este aún.

Cada una de esas casas guarda los secretos y el estilo de una forma de vida que ya se fue, pero que los testimonios recogidos en *Al Este de la Historia* demuestran que no se ha perdido, porque permanece en la memoria y en el corazón de sus privilegiados protagonistas.

Relatar la historia desde la intimidad supone una confianza y también un riesgo. Nos sentimos en deuda con todos aquéllos que abrieron su corazón y su memoria y nos dedicaron horas para que este libro, nuestro pequeño sueño, fuera posible. Y que también revolvieron cajones en busca de fotos, cartas y recuerdos. Nos gustaría que todos ellos supieran que nos esforzamos por interpretar cabalmente cada uno de los relatos. Creemos haberlo logrado y, en todo caso, esperamos no importunar a nadie con el resultado final de tanto tiempo de trabajo.

Este libro nació, por supuesto, en una inolvidable noche de verano en la Punta del Este que tenemos hoy. En el paraíso que nosotros heredamos de quienes lo hicieron y que, como ellos, los hacedores, disfrutamos de sus crepúsculos frente al mar. Se gestó con la ambiciosa pretensión de rescatar la Punta del Este que subyace en el recuerdo y, por qué no, en la nostalgia de los mayores. No pretende ser una historia de familias. Ni siquiera trata de ser una historia de Punta del Este en el rigor de la palabra, ni de sus pobladores. Sólo intenta mostrar, desde la anécdota pequeña, la forma de vida de quienes eligieron esta península como sitio de descanso, como refugio, como fuente inspiradora para la creación literaria, musical o plástica, o simplemente como punto de encuentro para los afectos y los sueños más queridos.

Aquí están, entonces, estos relatos que procuran darle color a lo que realmente ocurrió. Que pretenden también rescatar aquel tiempo de calles de tierra, tules y sombrillas que sucumbían arrastradas por el viento y la arena.

Son once personajes y personalidades muy distintos. Es cierto. Pero todos ellos hicieron alguna vez lo mismo. Tomaron una piedra, la lanzaron lejos y miraron cómo se hundía en el mar mientras formulaban un sueño. Este libro no busca la historia. Este libro busca esa piedra. Y ese sueño.

Punta del Este, octubre de 1998.

*Antonio Dionisio Lussich*

# «O se para usted o me siento yo»

Isidoro enfiló hacia el bosque. Con paso apesadumbrado transitó el camino de tierra ennegrecida por las tempranas lluvias que aquel año se habían adelantado anunciando la inminente llegada del invierno. Hacía mucho frío y la brisa helada que subía desde la playa calaba hondo en su cuerpo. El aire de mar se mezclaba con el intenso perfume de los naranjos de frutos amargos que empezaban a madurar en el mes de marzo y cuyas fragancias de azahares se esparcían hasta el final del invierno, al igual que las acacias que en los tonos más diversos del amarillo acariciaban con sus perfumadas flores el cielo de Punta Ballena. También las decenas de especies más conocidas e ignoradas de eucaliptos traídas de lugares remotos y reverdecidas por las lluvias de aquel otoño hecho invierno regalaban generosamente esa tarde sus aromas y colores. El silencio dominaba como nunca el enorme bosque y sólo era interrumpido por las hojas secas y las ramas diseminadas en el suelo que crujían al paso del hombre alto y delgado. Aquel personaje de quijotesca estampa conocía como nadie los rincones y secretos de ese paraíso terrenal. Llegó hasta el claro del bosque y se detuvo durante unos minutos frente a la gigantesca pajarera de hierro y alambre que su patrón había hecho construir especialmente tres décadas atrás. En su interior revoloteaban churrinches, ruiseñores, zorzales, cardenales azules y de copete colorado, chingolos y calandrias. Abrió la puerta de la enorme jaula y, como hacía don Antonio, tomó con mucho cariño a las pequeñas aves y, a manos llenas, las fue dejando en libertad. Algunas se alejaron de inmediato. Otras, luego de un vuelo corto, volvieron para abandonar el lugar definitivamente minutos después. Una pequeña bandada de ruiseñores del Japón, tras surcar el aire por algunos instantes, retornó intentando inútilmente reingresar al hasta ese entonces su sitio de cautiverio. Isidoro cerró la pajarera ahora vacía. Desandó el camino y al llegar a la casa principal se sentó en la galería, en la misma silla que solía ocupar cuando su patrón lo invitaba a conversar. Con los ojos llenos de lágrimas y con la mirada perdida en el bosque y en el mar, permaneció allí hasta que la tarde se hizo noche. Al lado de él, la brisa del este hamacaba suavemente la mecedora que don Antonio jamás volvería a ocupar.

Antonio Dionisio Lussich tenía cincuenta años en 1896, cuando por obra y gracia del destino pisó por primera vez Punta Ballena. Era para la época un hombre mayor, en el umbral de la vejez. Lussich podía darse entonces por satisfecho. La vida le había dado las tres cosas con que la mayoría de los hombres sueñan y luchan por alcanzar: familia, fortuna y fama, aunque no siempre en este orden.

En efecto, don Antonio había formado junto a su esposa, Ángela Portillo, una numerosa prole de diez hijos, nueve mujeres y un varón. Tenía además una gran fortuna, cuyas bases habían sido construidas por su padre, pero que él mismo a la muerte de su progenitor y con la colaboración de dos de sus hermanos, Enrique y Manuel, se encargó de acrecentar y multiplicar. Con una flota de 60 embarcaciones de carga y 13 remolcadores, la empresa que don Antonio comandaba era la más grande compañía naviera de América del Sur y la tercera más importante del mundo. Ostentaba además, entre otros galardones, el haber participado en más de doscientos salvamentos en el Río de la Plata y la costa Atlántica, incluyendo Brasil. La mayoría de estos salvatajes fueron capitaneados por el propio Lussich, que no dudaba en hacerse a la mar en medio de un gran temporal para dirigir él mismo, aun arriesgando su vida, los operativos de rescate. Este coraje y sentido de la responsabilidad le dieron a don Antonio un gran prestigio no sólo en territorio oriental, sino fuera de fronteras. Su estoicismo y solidaridad le valieron el reconocimiento y también condecoraciones de los gobiernos de España, Francia, Inglaterra y Portugal.

No obstante, Lussich llegó a rechazar una condecoración del gobierno italiano, que dispuso, luego de una de sus tantas hazañas en alta mar, proclamarlo *Caballero de segunda.* Sin miramientos don Antonio devolvió la medalla argumentando que él era «un ciudadano de primera en cualquier parte del mundo».

En 1888 el entonces cónsul británico en Montevideo, con motivo de entregarle a don Antonio una medalla de oro enviada por la reina Victoria por su participación en el salvataje de tres embarcaciones inglesas y una canadiense que zozobraron en las aguas del Río de la Plata, expresó: «Lussich dirigió personalmente durante las terribles noches de raudos temporales, el salvamento de unos pobres náufragos que, a no ser por el impulso generoso y humanitario que guiaba a Lussich, seguramente hubieran sucumbido. Después de haber salvado estas vidas, exponiendo la suya, rehusó recibir ninguna recompensa».

¿Pero quién era realmente este hombre que las fotografías muestran alto, delgado, elegante y con una tupida barba blanca, y que a la edad en que las personas de su tiempo y de su clase se aprestaban a disfrutar de los frutos cosechados luego de años de trabajo, supo imaginar y crear un paraíso en una desconocida sierra rocosa sobre el mar? ¿Un audaz? Sin lugar a dudas. ¿Un visionario? También. ¿Un hombre generoso que plantó cedros, que demoran de 15 a 20 años en crecer, sabiendo que él no los disfrutaría? Así lo recuerdan quienes lo conocieron. ¿O alguien que quiso perpetuar su nombre en la historia a través de una obra que parece haber sido hecha por la mano de Dios?

## *Una historia de inmigrantes*

Filiph Luksic fue un croata nacido en la isla de Brac en el mar Adriático, que llegó al puerto de Montevideo en 1837, cuando apenas tenía 13 años. Como todos los inmigrantes, buscaba mejores horizontes. A partir de su desembarco en la entonces naciente República Oriental del Uruguay su nombre se castellanizó y pasó a denominarse Felipe Lussich. En 1843 y teniendo tan sólo 19 años fundó una empresa de cabotaje y salvamentos. Poco después contrajo matrimonio con la italiana oriunda de Savona Carmen Griffo. De esa unión el 23 de marzo de 1848 nació el protagonista de esta historia, Antonio Dionisio Lussich. Antonio fue el hijo mayor de una familia a la que en pocos años se sumarían cinco hermanos más: Manuel, José, Enrique, Vicenta y Arturo. La infancia y adolescencia de Antonio transcurrieron en medio de las revoluciones y guerras civiles que dominaron el panorama político oriental hasta comienzos del siglo XX. En 1870 y con 22 años Antonio Lussich se incorporó a las huestes del caudillo blanco Timoteo Aparicio cuando éste se levantó en armas contra el gobierno del general colorado Lorenzo Batlle, en lo que luego se denominó la Revolución de las Lanzas. Batlle asumió el poder aplicando lo que entonces se llamó la *política de exclusión*, es decir, un gobierno integrado exclusivamente por colorados, marginando a los blancos. Esto sublevó al general Aparicio, que fue formando su ejército con gauchos de la campaña. Con un grupo de hombres a caballo y armados solamente con lanzas, el caudillo blanco enfrentó al ejército gubernamental. Fueron dos años de guerra civil en los que Lussich combatió como un revolucionario más en las principales batallas de la gesta épica: Paso Severino, Corralito, Cerro, Unión, Sauce y Manantiales. Esta experiencia como revolucionario dejaría en él dos huellas imborrables: su adhesión de por vida al Partido Blanco y su ingreso al mundo de la literatura gauchesca.

En efecto, de su andar como integrante del ejército de Aparicio por las cuchillas y los campos uruguayos surgirá su primera obra literaria: *Los tres gauchos orientales*.

«Debo a estos pobres hijos de nuestras campañas las expansiones más íntimas de mis veinte años», manifestaría el propio Lussich años más tarde en una carta enviada al editor uruguayo Antonio Barreiro y Ramos, y agregaría: «En épocas luctuosas para la República, he compartido sus alegrías y sus amarguras: los he acompañado en el mejor escenario donde podían exhibirse, el campamento; he escuchado con placer sus canciones épicas; he gozado en sus gratas manifestaciones de contento; he sufrido con el triste relato de sus personas».

La primera edición de *Los tres gauchos orientales* fue publicada en Buenos Aires en junio de 1872 por la imprenta La Tribuna. Lussich se la dedicó a su amigo el poeta argentino José Hernández, quien dos meses más tarde publicaría la obra cumbre de la literatura gauchesca: *Martín Fierro*.

Con fecha 14 de junio de 1872, Lussich, estando en Buenos Aires, le escribió a Hernández una carta en la que le dedicó su obra:

> Mi distinguido amigo:
>
> Durante su último viaje a esta ciudad, tuve el honor de ser presentado a usted. En una de mis visitas, haciendo referencia a la última campaña revolucionaria en mi patria, y a los sufrientes de nuestros soldados, me dijo usted, que un amigo le había hablado respecto a algunas producciones inéditas que yo había escrito en el estilo especial que usan nuestros hombres de campo, y que tuviese a bien mostrár-

selas. Aunque excesivamente pobres, no vacilé un momento en remitírselas, esperando se dignara darme su valioso e imparcial fallo.

Después de haberlas visto me estimuló a su cultivo, augurándome una buena acogida.

Bajo tan halagadoras esperanzas y comprendiendo sus buenos deseos, traté de hacer algo que, aunque quizás incompleto por mi poco contacto con aquel elemento, pudiese al menos probarle que no había echado en olvido sus benévolos consejos.

Busqué un tema, y lo encontré en la revolución encabezada por el general Aparicio, vasto teatro donde podía exhibirse con amplitud el drama de las muchas desgracias porque ha atravesado mi infeliz patria.

Llené este deseo trabajando en las horas que me dejaban libres mis ocupaciones comerciales.

Concluido hoy este pobre trabajo, a usted lo dedico: desearía que tuviera algún valor para ofrecerlo, agradecido, al argentino que tantas simpatías tiene por nuestra causa, y que tanto lo ha demostrado, haciendo que su periódico «El Río de la Plata» fuese durante la más santa de las revoluciones, el órgano que defendía en el terreno de la justicia, los sagrados principios de nuestros derechos conculcados.

Sin más objeto, lo saluda atentamente su afectísimo amigo y seguro servidor.

Antonio D. Lussich.

Seis días más tarde, el 20 de junio de 1872, José Hernández respondió a la misiva de Lussich:

Estimado amigo:

Al estimularlo a usted al cultivo de ese género tan difícil de nuestra literatura, lo hacía persuadido de que sabría triunfar de todas las dificultades que presenta; vencer todos los escollos, e igualar, si no exceder, a los que en esos retratos del gaucho, se han aproximado más al original. He leído sus versos con vivo interés, veo con satisfacción que su trabajo corresponde a estas esperanzas, y lo felicito con todo el ardor y con toda la sinceridad de mi ánimo.

El suceso que usted ha elegido para servir de tema a sus cantos, no ha podido ser ni más vasto, ni de mayor interés de actualidad, ni relacionarse más íntimamente con el paisano, ni encontrase más al alcance de su juicio.

En la elección de los tipos puestos en escena, ha sido usted igualmente feliz, retratando esos caracteres agrestes, valientes y desconfiados a la vez, con una propiedad que revela la seguridad con que usted ha penetrado en ese escabroso terreno.

En versos llenos de fluidez y de energía, describe usted con admirable propiedad al inculto habitante de nuestras campañas, pinta con viveza de colorido los sinsabores y sufrimientos del gaucho convertido en soldado, sus hechos heroicos, los estragos de la guerra fratricida, y la esterilidad de una paz que no salva los derechos de las diversas fracciones políticas, cimentando el orden y la tranquilidad general sobre la sólida base de la justicia, del derecho y de las garantías para todos los ciudadanos. Usted sabe que he simpatizado ardientemente con ese movimiento de opinión lleno de popularidad, llamado a devolver a millares de orientales distinguidos, los derechos que el absolutismo los había despojado en su patria.

Si el éxito no ha correspondido a la magnitud de los esfuerzos, no por eso debe entibiarse la fe en el corazón de los patriotas.

Usted ha contado sus sacrificios, sus victorias y sus desgracias, y los patriotas orientales aplaudirán su obra, tanto como le agradece su honrosa dedicatoria este

Su affmo. y verdadero amigo

José Hernández.

Las palabras de Hernández resultaron proféticas. *Los tres gauchos orientales* no sólo fue una obra aplaudida por los uruguayos sino también por los argentinos. Su primera edición se agotó en pocos meses. Un año más tarde el libro fue reeditado en Buenos Aires por la imprenta La Política y en poco menos de cuatro años logró vender en ambas márgenes del Plata más de 16 mil ejemplares. Cifra nada despreciable si tenemos en cuenta que por aquellos años los habitantes de Buenos Aires no alcanzaban los 500 mil y los de Montevideo los 150 mil, y que el número de analfabetos superaba cómodamente el 50 por ciento de la población tanto en Argentina como en la Banda Oriental. En 1873 y a raíz del éxito obtenido con su primer libro, Lussich publica su segunda creación del mismo género: *El matrero Luciano Santos*. Su actividad como poeta se cerrará con *Cantalicio Quirós y Miterio Campos en un baile del Club Uruguay*. Y su faceta como escritor quedará definitivamente clausurada en 1892, cuando publica *Naufragios célebres en el Cabo Polonio, Banco Inglés y Océano Atlántico*, un importante documento histórico en el que Lussich relata los salvatajes que llevó a cabo la compañía fundada por su padre. No es poco para un hombre que había recibido instrucción académica tan sólo hasta los 14 años, aunque luego se convirtió en un lector apasionado, que llegó a dominar nueve idiomas y dialectos.

Sin embargo, de la obra literaria de Lussich, los críticos y las antologías sólo recogerán *Los tres gauchos orientales*. A tal punto que el propio Jorge Luis Borges, en una conferencia dictada en Montevideo en 1950 sobre «Aportes a la literatura gauchesca», expresará: «Podría decirse que los diálogos de Lussich [en *Los tres gauchos orientales*] son el borrador ocasional de la obra definitiva de Hernández». Esta afirmación de Borges disgustó en su momento a Carlota, una de las hijas de Lussich. No obstante, hoy uno de sus nietos, Nicasio, hijo de Carlota, estima que Borges tenía razón: «Mi abuelo era un aficionado a la literatura y Hernández un escritor».

## *De poeta a empresario*

Puede decirse que Lussich fue un hombre afortunado. El éxito lo acompañó siempre en todos sus emprendimientos. Al alejarse de la literatura don Antonio pasó a dedicarse por entero a las actividades de la empresa familiar. Junto a su padre conoció los secretos del mar. Aprendió a avizorar las tormentas y a interpretar las sutiles señales que la naturaleza da para anunciar el tiempo que vendrá. Supo de atardeceres rojos y de amaneceres sombríos en la tierra como en alta mar. Los huracanes, las sudestadas, los pamperos y las virazones fueron muchas veces sus compañeros de ruta. Tal vez por ello a su barco preferido lo bautizó con el nombre de *Huracán*. Entendió que al viento, al mar y a la naturaleza toda no se los puede desafiar, sino respetar. Comprendió por qué los viejos marinos llamaban al Río de la Plata «el infierno de los navegantes». Él mismo en más de una ocasión estuvo a punto de perder la vida cuando comandaba los rescates de los barcos en peligro en las turbulentas aguas del Río de la Plata o del océano Atlántico. Sin embargo, su destreza, su coraje y también la buena estrella que siempre lo guió, le permitieron sobrevivir a situaciones verdaderamente dramáticas en las que el mar enfurecido arrastraba por igual barcos, cargamentos y vidas.

Cada salvataje que don Antonio comandaba le producía la misma sensación que experimentó en los años de su juventud, cuando formando parte de las huestes del general Aparicio empuñaba la lanza y, al galope de su caballo, él y todos los gauchos revolucionarios arremetían contra el enemigo al grito desenfrenado de «¡Viva la patria!», «¡Vivan los blancos!». Claro que en los operativos de alta mar el fin perseguido era exactamente el contrario al de los combates de la revolución: salvar vidas.

También al lado de su padre aprendió los códigos del comercio y las artes de la negociación. Por las oficinas de la empresa Lussich desfilaban permanentemente marinos y marineros, comerciantes, mercaderes y mercachifles. Hombres provenientes de todas partes del mundo. Sabios e ignorantes. Todos trataban con don Felipe Lussich y a la muerte de éste fue Antonio el encargado de negociar con ellos. De esa clientela rescató lecciones y enseñanzas que le sirvieron de mucho cuando recayó sobre sus espaldas la responsabilidad de timonear la empresa familiar. De los genoveses aprendió el arte de la negociación; de los ingleses, el temple para decir las cosas más duras sin levantar la voz y con una sonrisa en los labios; de los españoles, y especialmente de los gallegos, la perseverancia; y de los franceses nada, porque aborrecía su arrogancia, aunque admiraba su cultura.

Lussich era además un hombre de una personalidad avasalladora. Nadie ni nada lo doblegaba. Por el contrario, las situaciones difíciles o adversas actuaban en él como un estímulo. Su hija Carlota solía contar que en una oportunidad la empresa familiar atravesaba por un momento financiero difícil. Don Antonio se vio entonces obligado a

*Antonio Lussich en Punta Ballena en 1897, poco antes de comenzar a forestar.*

*Ángela Portillo de Lussich, en la galería de la casona de Punta Ballena.*

*Típica foto familiar: Antonio Lussich con tres de sus hijas y una de sus diecinueve nietas. Al fondo el bosque comienza a crecer.*

*Encuentro veraniego de la numerosa familia Lussich en Punta Ballena. A la izquierda Ángela Portillo y don Antonio Lussich.*

*Dos caballeros en Punta Ballena vestidos a la usanza de la segunda década del siglo. A la izquierda el ex presidente argentino Julio A. Roca y a la derecha Antonio Lussich.*

*Rafael Alberti, el poeta español que durante su exilio buscó refugio en Punta del Este, en su última visita al balneario, en 1992.*

*El elegante perfil de Leonor Uriburu y Tezanos Pinto de Anchorena. (Gentileza del diario* La Nación.*)*

*El caudillo blanco Luis Alberto de Herrera ingresa en el Palacio Estévez, que hasta 1985 funcionó como Casa de Gobierno. Nótese atrás su vieja* voiturette *de 1937, estacionada a contramano, como era su costumbre. (Gentileza del diario* El País.*)*

*Un militante blanco de corbata de moño observa a Herrera mientras emite su voto. (Gentileza del diario* La Nación.*)*

*La intimidad de una familia de políticos. El ex presidente uruguayo Luis Alberto Lacalle, su madre, Hortensia de Herrera de Lacalle, e Inés Lacalle, sentados sobre las rocas que daban al fondo de El Cangrejito, su casa en Punta del Este.*

*Otros tiempos: La familia Lacalle de Herrera pasea en bicicleta por el centro de Punta del Este. Atrás la bañadera con los turistas que llegaban de paseo los fines de semana.*

*Silvina Bullrich rodeada de libros y con la máquina de escribir que siempre la acompañaba a su casa de Punta del Este. (Gentileza del diario* El País.*)*

*Silvina Bullrich en el* living *de La Bartola, su segunda casa en Punta del Este. (Gentileza del diario* El País.*)*

*La imagen que dio vuelta al mundo y que provocó un terremoto político en el Uruguay. Ernesto Che Guevara y el ex presdente uruguayo Eduardo Víctor Haedo matean juntos en La Azotea. A sus pies, uno de los tres perros que siempre acompañaban al dueño de casa.*

*Eduardo Víctor Haedo con su característica boina blanca junto a su hija, Beatriz Haedo de Llambí, en los inolvidables veranos de La Azotea.*

solicitar un préstamo al Banco de Londres, que en aquellos tiempos era la principal institución bancaria que operaba en Uruguay. Al ingresar en el despacho del gerente, Lussich observó que éste, un ciudadano inglés que sabía el motivo de la visita, permanecía sentado en su escritorio al tiempo que le preguntaba cuál era la razón que lo traía por allí. A lo que Lussich, sin levantar la voz pero en un tono enérgico, le manifestó: «O se para usted o me siento yo». El gerente muy sorprendido se puso de pie y le acercó una silla. Estando ya los dos sentados, don Antonio explicó su problema. Minutos después Lussich se retiró del banco, no sólo habiendo conseguido el crédito, sino que fue él quien impuso las condiciones y la forma de pago.

Poco después de finalizada la Revolución de las Lanzas y luego de haber conocido el éxito como escritor, Lussich se enamoró de Ángela Portillo, con quien luego se casó. Doña Ángela era una mujer muy bonita que cautivó rápidamente a don Antonio. Lussich era por entonces un partido muy codiciado entre las jóvenes de la sociedad montevideana. Ambos formaban una pareja muy armoniosa. Los dos eran jóvenes y hermosos. Pertenecían a familias prósperas y conocidas. Él era inteligente, trabajador, ingenioso, culto y con talento y prestigio de escritor. Ella no le iba en zaga. Era tan inteligente, culta y elegante como él. Pero también era ponderada. Estaba además preparada, como las mujeres de su clase de aquella época, para ser una buena esposa y madre. Asimismo, todos le reconocían la virtud de ser muy ecuánime y conciliadora. Don Antonio la llamaba la Espartana, por su discreción y austeridad tanto para sobrellevar el dolor como para disfrutar de la felicidad.

¿Qué otra cosa sino la felicidad y un futuro venturoso podía esperar a aquella pareja, mirada como un referente en la pueblerina sociedad uruguaya de fines del siglo pasado? Y la felicidad llegó a medida que fueron naciendo los hijos. Pero también hubo desgracias y dolor.

En pocos años y a la usanza de la época el matrimonio Lussich se llenó de hijos. La familia se fue multiplicando con la misma rapidez con que lo hicieron la empresa y la fortuna ahora timoneada y administrada por don Antonio. La primera en nacer fue Angelita, que a los pocos años falleció de fiebre tifoidea, provocando el primer gran dolor en el corazón de los Lussich. Luego llegaron con una diferencia promedio de dos años: Clotilde, Milka, Carlota, Ivana, Hilda, Elena, Angélica y Esther. Y cuando ya don Antonio había perdido todas las esperanzas de tener un hijo varón que continuara con el apellido y los negocios familiares nació Milton.

Para albergar aquella enorme prole don Antonio hizo construir un lujoso palacete, que aún subsiste, en el entonces aristocrático y alejado barrio del Prado de Montevideo. La familia había vivido hasta entonces en ese mismo predio en una centenaria construcción enclavada en medio de una quinta colonial. La nueva edificación de estilo francés, ubicada sobre la actual avenida Agraciada y la calle Capurro, estaba rodeada por un enorme parque jardín. Lussich se preocupó de equiparla con finos muebles y enseres expresamente traídos de Europa. Todo allí era de buen gusto y por supuesto elegante.

Arañas de cristal de Bohemia, gobelinos franceses, alfombras persas, porcelanas de Limoges, platería inglesa y una valiosísima colección de cuadros de los pintores europeos más renombrados de los siglos XVIII y XIX constituían el alhajamiento del gran palacete de tres plantas. Allí no sólo convivía la familia Lussich sino también una legión de mucamas, cocineras, mayordomos, choferes (de carruajes primero y de automóviles después) y jardineros. También bajo ese mismo techo vivían las institutrices, una inglesa, otra francesa y una tercera alemana, que Lussich había hecho venir expresamente desde sus países de origen y a quienes les encomendó la educación de las niñas. Tanto don Antonio como doña Ángela se preocuparon especialmente de que sus hijas recibieran una completa educación en el propio hogar, que luego complementarían con numerosos y largos viajes a Europa. Esos periplos eran armados generalmente por doña Ángela y tenían un cometido fundamentalmente cultural. Luego que los hijos crecieron y a medida que se fueron casando, Lussich y su señora mantuvieron la costumbre de viajar con toda la familia, al menos una vez cada dos años.

El estilo de vida de los Lussich se asemejaba más al de las familias de la oligarquía argentina que al de la clase alta uruguaya. Don Antonio sabía disfrutar de su fortuna. No obstante, tanto él como su esposa eran enemigos de la ostentación; en eso sí eran muy uruguayos.

## *El descubrimiento de Punta Ballena*

A fines del siglo pasado Lussich se había convertido no sólo en uno de los hombres más respetados del país, sino también en un personaje del que la prensa de las dos márgenes del Plata se ocupaba constantemente contando sus hazañas en alta mar.

Esto lo llevó a mantener una relación muy fluida con los principales periodistas de los diarios más importantes de Montevideo y Buenos Aires. De algunos de ellos, como Samuel Blixen, era amigo. Blixen por entonces era una de las plumas más respetadas del diario *El Día* de Montevideo, fundado y comandado por el que luego sería dos veces presidente de la República, el colorado José Batlle y Ordóñez. Don Antonio era un hombre de palabra y por lo tanto cumplía con sus promesas. A comienzos de 1896 le había prometido a Blixen que, luego de que realizara el siguiente gran salvataje, los invitaría, a él y a un numeroso grupo de periodistas, a realizar una travesía en su barco preferido: el *Huracán*. Y el naufragio se produjo y el salvataje también. Fue a fines del invierno de ese año que Lussich logró rescatar una embarcación de bandera francesa que se dirigía a Buenos Aires y que zozobró en las proximidades del banco Inglés, en el Río de la Plata.

Había llegado la hora de cumplir con lo prometido. No obstante, aguardó la llegada de la primavera para realizar el anunciado periplo.

El 23 de setiembre, muy temprano a la mañana, el *Huracán* comandado por don Antonio partió del puerto de Montevideo con destino al entonces pueblo de Ituzaingó, denominado por los lugareños como la punta del Este.

Lussich había hecho vestir de gala al ya lujoso barco. Los invitados pudieron disfrutar a bordo de un banquete especialmente preparado para la ocasión. La mesa estaba dispuesta en el cómodo y amplio camarote de su propietario. Sobre manteles de encaje de Bruselas brillaban los cubiertos de plata Christofle que rodeaban a los platos de loza inglesa blanca con filetes azul marino y en cuyo centro, debajo de un ancla dibujada, se leían las iniciales del anfitrión: A. D. L. El vino, de la bodega personal del capitán, se servía en copas de cristal de Baccarat, azules para el tinto, verdes claro para el blanco. El almuerzo transcurrió en un clima de fiesta. A los postres Lussich y Blixen recitaron a dos voces algunos pasajes de *Los tres gauchos orientales*. A media tarde arribaron al desierto pueblo Ituzaingó. Amarraron en el muelle de Las Delicias y luego, en carretas tiradas por bueyes, se dirigieron por la playa hasta el único hospedaje existente en la península: el hotel Central, ubicado donde hoy se encuentra el Palace Hotel. Allí fueron recibidos por su propietario, Pedro Risso. Ituzaingó era entonces un caserío de no más de una docena de construcciones precarias de techos de cinc o paja, que en los meses de verano solían frecuentar algunos pocos y osados argentinos. No existía comunicación terrestre alguna con la vecina ciudad de Maldonado y mucho menos con Montevideo.

Al día siguiente Risso invitó a sus huéspedes a visitar un lugar que calificó de paradisíaco: Punta Ballena. El clima ayudaba. El cielo completamente despejado, el mar tranquilo y transparente convocaba a navegar. A bordo del *Huracán* los pioneros turistas llegaron hasta el lugar indicado. El barco ancló en la ensenada de Portezuelo. Todos, menos Lussich, quedaron extasiados al contemplar ese regalo de la naturaleza. La sierra de la Ballena, un páramo en ese entonces, derivación al sur de la sierra de Carapé y parte de la llamada cuchilla Grande, nacía en el horizonte de los admirados visitantes y moría en el mar, no sin antes formar pequeñas grutas que el agua verde y mansa de ese mediodía bañaba con suavidad. A sus pies se extendía una cadena interminable de playas de arena fina y blanquísima.

«Esto es un descubrimiento, una revelación», afirmó Blixen, a lo que don Antonio respondió: «A mí no me parece gran cosa». «Cómo se ve que sos un marino que ha recorrido el mundo y no un artista», replicó el periodista.

Llegó la hora del almuerzo y, mientras disfrutaban de un cordero a bordo del *Huracán*, Risso comentó que estaban a la venta las tierras que conformaban Punta Ballena. «Yo no daría ni un centésimo por esas sierras peladas», expresó Lussich. A lo que Risso señaló: «Sin embargo, hay varios interesados y yo me encuentro entre ellos». «¿Y quién es el propietario de esas tierras?», preguntó Lussich. «No lo sé con exactitud», respondió Risso, y agregó: «pero quien lo representa es el doctor Martín C. Martínez». Al promediar la tarde el *Huracán* y sus pasajeros volvieron al muelle de Las Delicias. Desembarcaron y Lussich fingió un fuerte dolor en la espalda que difícilmente podría calmar estando allí, por lo que regresaría de inmediato a Montevideo para consultar a su hermano Arturo, un prestigiosísimo médico. Blixen y sus colegas quisieron acompañarlo, pero don Antonio se negó categóricamente. No era un hombre de dar marcha atrás cuando tomaba una decisión. Sin embargo, antes de soltar amarras prometió retornar en pocos días a buscar a sus invitados. Con viento a favor y a toda máquina Lussich llegó esa misma noche al puerto de Montevideo. Durante la travesía se encerró en su camarote y planeó una estrategia para comprar aquellas tierras. Se había enamorado de Punta Ballena.

La negociación fue dura. Don Antonio ofertó varios miles de pesos de la época por las tierras que, según expresó a sus propietarios, «eran estériles y nada propicias para ninguna actividad productiva». A lo largo de las tratativas debió hacer gala de todas sus artes de negociador. Aun así y pese a la aparente contundencia de sus argumentos, tuvo que aumentar la oferta. Finalmente cerró el trato. Y las 1500 hectáreas que conformaban Punta Ballena fueron suyas. El escribano Manuel Alonso elaboró la escritura.

Logrado el acuerdo, el flamante dueño de Punta Ballena retornó en el *Huracán* a buscar a Blixen y a sus colegas al pueblo Ituzaingó. Nada comentó de su reciente adquisición. Una semana después se reunió en la confitería Del Telégrafo de Montevideo con Blixen. Al sentarse a la mesa y con una enorme sonrisa de satisfacción le dijo: «Estás hablando con el dueño de Punta Ballena». «Pero ¿acaso aquel paraíso no era para ti gran cosa y no valía ni un centésimo?», manifestó sorprendido el periodista. A lo que Lussich le respondió con unos versos del *Martín Fierro*: «El zorro que ya es corrido, dende lejos la olfatea. No se apure quien desea hacer lo que le aproveche: La vaca que más rumea es la que da mejor leche».

## *La construcción del paraíso*

Las 1500 hectáreas que Lussich adquirió formaban parte entonces de una pelada cadena montañosa cuyas alturas llegan a superar los 120 metros. Rocas de fundamento cristalino, pantanos, maleza y la absoluta ausencia de árboles constituían el paisaje de aquel territorio. Enclavada en la cima de una de esas elevaciones, a 50 metros sobre el nivel del mar, sobrevivía al tiempo y a los embates de los vientos una antigua construcción colonial. Allí don Antonio decidió construir su casa. Desde ese lugar mirando al sur Lussich tenía como único horizonte el mar. ¿Qué más podía pedir un marino?

Don Antonio no encargó la obra a un arquitecto, sino que fue el artista plástico Milo Beretta el responsable de diseñar y edificar la nueva casa. Sobre los viejos muros coloniales se levantó una confortable y amplia residencia de dos plantas capaz de albergar a la familia Lussich en su totalidad y a las permanentes visitas que el dueño de casa recibía. Trece dormitorios y seis baños, una pequeña sala y un amplio comedor con una señorial chimenea constituyeron el hogar preferido de Lussich desde entonces y hasta su muerte. Beretta preservó el estilo español en la nueva edificación y, como en los antiguos cascos de estancia, hizo pintar el exterior de la casona de rosa viejo. Asimismo, dotó a la nueva casa de una amplia galería desde la cual se dominaba el generoso paisaje que se desplegaba a los pies de quien quisiera contemplarlo.

Por su parte don Antonio y doña Ángela decoraron el interior muy sobriamente: muebles de roble y lámparas de hierro. El único lujo lo constituían la vajilla de loza inglesa, igual a la que había en el *Huracán*, las copas de cristal de Bohemia y los cubiertos de plata francesa. Todos utensilios para agasajar a las visitas. Allí el espectáculo no estaba adentro, sino afuera, en la naturaleza.

En las cercanías de la casona principal don Antonio mandó construir cinco casas, tres para el personal, una para los huéspedes y una quinta residencia que destinó a los novios de sus ocho hijas. En aquellos tiempos estaba muy mal visto que los pretendientes durmieran bajo el mismo techo que sus pretendidas, aunque fuera en habitaciones bien distantes y estando en la casa los futuros suegros. También los exteriores de estas construcciones lucían de rosa viejo, con excepción de la casa de los novios, que había sido pintada de blanco para que se distinguiera de las restantes.

La llegada hasta Punta Ballena constituía por entonces una verdadera odisea. Se viajaba en tren hasta Abra del Perdomo, un paraje ubicado entre Pan de Azúcar y Maldonado. Luego desde allí se emprendía un tortuoso y agotador periplo en diligencia que insumía casi toda una jornada. Había que atravesar campos, sierras, arroyos y dunas.

En los primeros tiempos los Lussich se instalaban en Punta Ballena a comienzos del verano y permanecían allí hasta mediados del mes de marzo. Cuando don Antonio llegaba, el capataz Isidoro Rivero izaba en la parte más alta de la sierra, a pocos metros de la casa principal, la bandera uruguaya a la que se le había sustituido el sol por las iniciales de Lussich: A. D. L. La casa ofrecía las comodidades necesarias para pasar largas temporadas, aunque el entorno no. Doña Ángela y sus hijas temían a los vientos que azotaban frecuentemente el lugar. A don Antonio, acostumbrado a las tempestades de alta mar, nada le sorprendía. La casona tenía enormes ventanales protegidos por postigones de madera maciza que eran trancados por dentro con barretas de hierro. Pero al parecer esto no era suficiente. Las noches en que el viento del este arreciaba, doña Ángela hacía correr los pesados roperos de los dormitorios para evitar que los ventanales se abrieran. Aun así, en más de una oportunidad el viento logró burlar todas esas barreras.

«Antonio, esto no puede seguir así, o buscamos una solución o yo no vuelvo más acá», le dijo una mañana doña Ángela a su esposo, luego de que la noche anterior el viento hubiera arrancado los postigones de la sala principal y de los dormitorios que daban al oeste. A lo que don Antonio, que disfrutaba sentado en su mecedora de un sol radiante en la galería de la casona, con una sonrisa manifestó: «Espartana, peores tempestades he vivido yo y aquí me tienes». A partir de ese momento doña Ángela se dio cuenta de que la solución no la aportaría su marido y se le ocurrió la idea de plantar árboles en los alrededores de la casa.

Doña Ángela mandó traer semillas de Montevideo y comenzó a plantar en el terreno más cercano que rodea la casona y en la ladera oeste de la sierra. Don Antonio la miraba y se sonría con cariño. «¿Tú crees que esto dará resultado?», le preguntó más de una vez. «Ya lo verás el año próximo», respondía ella.

Al año siguiente, los Lussich llegaron como siempre a Punta Ballena en los primeros días de diciembre. El lugar estaba irreconocible. Las plantas y los pinos que con más esperanza e ilusión que conocimiento y ciencia doña Ángela había plantado el verano anterior, no sólo habían sobrevivido a los temporales del invierno, sino que crecían a una velocidad sorprendente. Muchas de ellas regalaban sus colores y aromas. El páramo comenzaba a transformarse en un edén. Ahora era doña Ángela la que sonreía victoriosa.

La espectacular transformación que el terreno que rodeaba la casona había sufrido de un verano a otro entusiasmó a Lussich, que desde entonces se propuso forestar y convertir aquel lugar en un bosque. Comenzó por informarse y por consultar a los expertos más importantes de la época en ambas márgenes del Plata. Viajó a Buenos Aires y allí se entrevistó con el arquitecto paisajista francés Carlos Thays, que por entonces residía en la ciudad porteña. Luego se vinculó con el también argentino Benito Carrasco, un renombrado botánico, quien le aconsejó que tuviera en cuenta la experiencia que el inglés Enrique Burnett había llevado adelante a partir de 1890 en Maldonado con la plantación de pinos marítimos para fijar los médanos de la zona. Finalmente invitó al ingeniero Arechavaleta, un argentino muy respetado en toda América del Sur por sus conocimientos de botánica, a viajar a Punta Ballena. El agrónomo recorrió paso a paso el lugar junto a don Antonio y luego le expresó: «Es una utopía plantar en Punta Ballena, y si lo intenta hágalo del lado este de la sierra». Lussich hizo oídos sordos al consejo de Arechavaleta. Tomó además las palabras del técnico argentino como un desafío personal. Aquel marino que tantas veces se había enfrentado a los vientos en el mar había decidido librar ahora su batalla en la tierra. Tenía entonces 52 años.

Comenzó por estudiar. En pocos meses logró armar una completa biblioteca sobre botánica. Los libros los encargaba a Francia, Inglaterra y Alemania. Su dominio completo de nueve idiomas le facilitó la tarea. Luego hizo traer de los viveros más importantes del mundo las variedades de plantas y semillas que fue preparando en los almácigos que él construyó en la zona fértil de su propiedad, recostada en la parte este de la sierra. Una vez germinadas las fue llevando por miles al extremo oeste, donde, sin resguardo, fueron plantadas.

Para cumplir con la labor, Lussich contaba con un grupo de personas a las que entrenó especialmente. No obstante y al igual que en los salvatajes en alta mar, él mismo encabezaba la tarea, trabajando a la par con sus peones. A veces luego de una intensa lluvia aplicaba el sistema de «siembra al voleo». En otras ocasiones se internaba en los bañados y con el agua hasta la cintura hacía montículos sobre los que colocaba las pequeñas plantas. En reiteradas oportunidades se enfrentaba al rocoso terreno como insalvable obstáculo. Fue entonces cuando resolvió primero abrir canaletas entre las rocas a fuerza de picos y después con pólvora en las zonas más escarpadas. Ningún impedimento de la naturaleza era válido para don Antonio.

La buena estrella que siempre acompañó a Lussich en los salvamentos en alta mar, también estuvo junto a él a la hora de forestar Punta Ballena. Por su parte, el viento, el agua, los pájaros y los insectos avalaron el ambicioso emprendimiento de don Antonio. El viento diseminó las semillas a lo largo de la sierra y de la tierra. Hizo además posible que en plena roca hayan crecido pinos, acacias y hasta robles. El agua fue fundamental a la hora de la multiplicación de las especies plantadas; no sólo la lluvia dio su generosa mano, sino también los innumerables manantiales que desde las mismas entrañas de la tierra lanzan permanentemente agua purísima que luego corre incesante como finos hilos de cristal, arrastraron por el accidentado terreno semillas que fueron quedando al margen de las corrientes. Y finalmente los pájaros y los insectos, que a medida que el bosque florecía se iban multiplicando, dieron el toque final a la obra de Lussich. Los pájaros alimentándose con frutos cuyas semillas no digieren y que luego al volar de un lado a otro las devuelven a la tierra aptas para germinar. Y los insectos, como las abejas y las mariposas, que al posarse en unas flores hacen fecundar otras, facilitando la polinización y la reproducción permanente de las plantas.

El bosque crecía a una velocidad sideral, sorprendiendo incluso no ya sólo a don Antonio, sino a los botánicos y expertos que lo visitaban. Lo que más llamaba la atención era cómo en una zona tan poco propicia para la forestación crecían y se multiplicaban especies de climas diametralmente opuestos. En Punta Ballena y de la mano de Lussich comenzaron a convivir en perfecta armonía, entre muchísimos otros, los bananos, los abedules, los algarrobos, el árbol del incienso, más de doscientas especies diferentes de eucaliptos, bambúes, olmos, tejos, abetos, magnolias, el árbol del papel y la *Tristania conferta.* También florecían los arces, de los que se supone Antonio Stradivarius extraía la madera para sus violines, los callitris de Marruecos junto a los criollos ceibos, talas, sauces, coronillas, chalchales y ombúes.

«Como usted podrá apreciar seguí al pie de la letra su consejo», le dijo irónicamente don Antonio, parado en la galería de la casona, al ingeniero Arechavaleta, mientras disfrutaban ambos en una cálida mañana de enero de 1905 de los colores, aromas y sonidos del bosque. El calificado técnico, que pocos años antes había desahuciado las aspiraciones de forestar de Lussich y que no salía de su asombro, comentó: «Don Antonio, éste es el mayor mentís dado a la ciencia».

El bosque crecía y se multiplicaba e iba envolviendo a don Antonio, que poco a poco fue alejándose de los salvatajes en alta mar para dejarse llevar por una nueva pasión: la botánica. Ahora prefería recorrer en su caballo negro la irregular geografía de Punta Ballena acompañado de su capataz, Isidoro Rivero, quien sabía de memoria el nombre de todas y cada una de las especies que su patrón había plantado. Pasaba largas horas en los viveros preparando nuevas plantas o leyendo las últimas publicaciones sobre botánica que permanentemente le llegaban desde Europa. A veces, en los rojos atardeceres de Punta Ballena, lo invadía la nostalgia de sus años de marino. Entonces se sentaba en su sillón de mimbre en la terraza de la casona y junto a doña Ángela compartía en silencio esos instantes únicos y mágicos en que el sol como una gran bola de fuego parece apagarse lentamente en las serenas aguas de Portezuelo, dejando en el alma de quien contempla el espectáculo una sensación de paz indescriptible.

Lussich era un hombre incansable. Para que el bosque no se transformara en una selva impenetrable, hizo atravesarlo por caminos y sendas de trazados asimétricos, que él mismo recorría constantemente a caballo y sus hijos y los visitantes en carruaje o en carreta.

«Esto es un paraíso», afirmó deslumbrado el escultor José Luis Zorrilla de San Martín la primera vez que llegó al bosque junto a su esposa, Guma Muñoz del Campo. Pese a la diferencia de edad (Zorrilla podía ser hijo de Lussich), ambos fueron muy amigos. Los dos compartían la misma pasión por la poesía y cada vez que se reunían solían hacer gala de la bien ganada fama de brillantes recitadores de que gozaban.

«Pero un bosque sin pájaros es como una flor sin perfume», añadió Zorrilla. El comentario del escultor impulsó a don Antonio a poblar Punta Ballena de pájaros de todas partes del mundo. Hizo además construir una gran jaula en un claro del bosque. Allí colocaba las aves expresamente traídas de Europa, Asia y África. Su cuidado estaba a cargo de Isidoro, el capataz. Luego de que se aclimataban y se reproducían, don Antonio las liberaba él mismo a manos llenas, en una especie de ceremonia que le producía un inmenso placer.

El bosque era para Lussich su mejor obra, que exhibía con orgullo pero sin soberbia. Casi en el olvido quedaron los salvatajes en el mar y las decenas de condecoraciones recibidas de las entonces grandes potencias mundiales a lo largo de años dedicados a rescatar vidas. No obstante, don Antonio nunca estaba plenamente satisfecho. Para coronar su trabajo compró en uno de sus viajes a París, en el vivero Vilmorin, miles de plantas de orquídeas de una gama infinita de colores y aromas que florecían durante las cuatro estaciones y que daban, por si faltaba, el toque exquisito al paraíso creado. Las orquídeas y las camelias eran las flores preferidas de doña Ángela. Ella misma preparaba, combinando colores y tonos, los arreglos que adornaban siempre la larga mesa del comedor de la casona. Era su manera de dar la bienvenida a los ilustres visitantes que desfilaban constantemente por Punta Ballena.

La obra de Lussich en Punta Ballena trascendió rápidamente las fronteras. Expertos en botánica, poetas, políticos y periodistas de todo el mundo llegaban expresamente a Uruguay, ya fuera invitados por el propio don Antonio o atraídos por la curiosidad de conocer lo que todos calificaban como un lugar único en el mundo. Si en los años de su primera juventud Lussich se había bien ganado fama de poeta por *Los tres gauchos orientales* y luego su reconocido coraje como marino había atravesado océanos, su obra como forestador le había granjeado en la madurez y en los últimos años de su vida el respeto y la admiración de científicos, escritores, periodistas y hombres de estado.

*«C'est un androit unique au monde»*, escribió a mediados de la década del diez Henry Bidou, director entonces de la prestigiosísima e influyente revista francesa *Deux Mondes*, refiriéndose al bosque de Lussich. Bidou vivió quince días en la casona de Punta Ballena. Durante su estadía, don Antonio se preocupó especialmente de atenderlo. Recorrió a pie y a caballo varias veces el bosque mostrándole todas y cada una de las especies plantadas por él. Llegó incluso a exasperarse con aquel francés muy atildado, que no demostraba ni manifestaba el más mínimo asombro por lo que estaba viendo. Sin embargo, al llegar a París le dedicó a la obra de Lussich cuatro páginas enteras de la famosa revista, en las que describió con lujo de detalles la obra de aquel marino «visionario, inteligente y además poeta».

Lussich era un hombre de un agudo y a veces ácido sentido del humor. En sus viajes por Europa solía divertirse hablando en Génova en napolitano y en Nápoles en genovés, cosa que enfurecía a sus interlocutores. Asimismo, a veces sus bromas desconcertaban a quien las recibía. En Punta Ballena vivía un hombre llamado Ramón Lobato, que se caracterizaba por ser inmensamente alto y delgado (medía más de dos metros) y por tener una voz tremendamente grave que parecía salir de ultratumba. Lo llamaban Lobato el Grande. Este personaje, que era analfabeto, había peleado junto al caudillo blanco Aparicio Saravia en la guerra civil de 1904. Su admiración por el general Saravia, que falleció luego de ser herido en la batalla de Masoller, cuando enfrentó a las tropas del ejército gubernamental del entonces presidente José

Batlle y Ordóñez, era absoluta. Un tarde Lussich se encontraba sentado en la galería de la casona conversando con tres personas. Vio que por la loma subía montado en su caballo Lobato. Lo llamó. Lobato se acercó, desensilló, y don Antonio muy rápidamente y sin que se entendieran sus nombres le presentó a los tres visitantes. Lussich le preguntó qué opinaba de Batlle, que por entonces cumplía su segundo mandato presidencial, a lo que Lobato le manifestó con su impresionante vozarrón: «No me hable don Antonio de ese canalla, asesino, hijo de...», y se descolgó durante más de cinco minutos con una sarta de insultos. Cuando terminó de hablar, Lussich le dijo: «Lobato, tú no me has entendido; estos señores son César, Lorenzo y Rafael Batlle, los hijos de don José Batlle y Ordóñez». Lobato sin inmutarse manifestó: «Lo dicho, dicho está, don Antonio; bala que sale del fusil no vuelve al caño», y con un buenas tardes se dio media vuelta, subió a su caballo y siguió viaje.

En otra ocasión don Antonio había mandado invitar a almorzar a un almirante inglés de apellido Caperton, muy famoso en su época, que se encontraba de visita en Punta del Este. El marino británico, como no podía ser de otra manera, llegó a la casona del bosque puntualmente al mediodía, acompañado por dos altos oficiales también ingleses. Don Antonio los recibió y durante un buen rato recorrió con ellos el bosque. Luego los invitó a sentarse en la galería y continuó hablando de su experiencia como marino y de los salvatajes que había protagonizado.

El tiempo transcurría y don Antonio seguía dándoles charla, sin que se avizorara el almuerzo. Lussich miraba con picardía a sus visitantes. Hasta que, pasadas las dos de la tarde, les dijo: «Si desean pueden quedarse a almorzar», a lo que los ingleses se miraron sin entender nada de lo que estaba sucediendo. De inmediato don Antonio, tentado de risa, los hizo pasar al comedor, donde los aguardaba una espectacular mesa decorada con orquídeas y colmada de manjares especialmente preparados para la ocasión.

El humor de Lussich y su pasión por los versos también se traducía en las invitaciones que cursaba a sus amigos. En una oportunidad convocó a un gran amigo suyo, el astrónomo argentino Martín Gil, famoso en el mundo entero, para que viajara a Punta Ballena a deleitarse mirando las estrellas desde aquel paraíso. La carta que escribió comenzaba así:

Pido al señor Martín Gil
perdone el atrevimiento,
de mandarle un pensamiento
desde mi albergue cerril.

No será un canto gentil
el que cruzará el estuario,
para llegar al santuario
de un hombre de tanta cencia,
sino la simple ocurrencia
de un viejo gaucho corsario...

Como suele decir César del Castillo, otro de los nietos de Lussich, «mi abuelo hacía de cada cosa un verso y de su vida una poesía».

El crecimiento y desarrollo del bosque coincidió con el nacimiento de los nietos de Lussich. Don Antonio llegó a conocer a diecisiete de sus diecinueve nietos, todos hijos de sus hijas. Era un abuelo a la usanza de aquellos tiempos. Mimaba a sus nietos pero no los consentía. Le gustaba mucho caminar con ellos por el bosque. En las noches de verano solía sentarlos a todos en la galería de la casona para contarles historias de piratas que inventaba con una facilidad asombrosa. También y sobre todo a los nietos varones les narraba sus andanzas en la Revolución de las Lanzas. Asimismo, solía recitarles sus poemas gauchescos o pasajes del *Martín Fierro.* Hoy sus nietos mellizos, Nicasio y Antonio Manuel, que tenían seis años cuando don Antonio falleció en 1928, recuerdan de su abuelo su potente voz y el perfume francés de su larga barba blanca, cuando éste los sentaba a ambos en sus rodillas para contarles las historias mencionadas en las noches estivales de Punta Ballena.

Lussich era plenamente feliz en el bosque. Muchas veces recorriendo Punta Ballena con su hijo Milton solía decirle: «Esto que estamos viendo será mañana un gran bosque, que yo no veré pero que tú disfrutarás». El destino quiso que don Antonio viese el bosque en su esplendor y que Milton no pudiera disfrutar el paraíso creado por su padre.

En 1921 el entonces presidente de la República Baltasar Brum visitó a Lussich en Punta Ballena. Brum, que era un hombre muy joven, tenía entonces 35 años, hizo muy buenas migas con Milton, un muchacho que se destacaba por su inteligencia, simpatía y vitalidad. A pedido de Milton, que era un apasionado de la aviación, Brum le consiguió una autorización para volar en un avión de la Fuerza Aérea Uruguaya. El aparato, a poco de despegar del aeródromo de Melilla de Montevideo, se precipitó a tierra y en el accidente falleció Milton. Su muerte destrozó el corazón de Lussich. A partir de entonces ya nada sería igual para don Antonio y doña Ángela.

Pocos meses después del accidente, Lussich escribió este acróstico en la casona del bosque:

Milton querido soñé que te veía
I que me abrazabas con filial ternura
Levantando la niebla de amargura
Terrible titán que me afligía!
Olvidé del dolor la saña impía
Nutriéndome la fe de siempre verte
Alegre y arrogante, noble y fuerte
Nadando entre placeres juveniles.
Todo fue una ilusión... sueños febriles...
Oh destino cruel!! qué airada suerte
No te volveré ya a ver mi hijo adorado!
Infausta suerte que tronchó tu vida
Obstruyendo falaz y maldecida
Las sendas de tus glorias del pasado!!
Umbrío y triste como tu antro helado
Será mi porvenir eternamente!!
Surgirán de mi alma y de mi mente
Infiltradas, tu imagen y tu ausencia.
Concluirán cuando vuele mi existencia
Hacia ti abrazado estrechamente.

La muerte de su único hijo varón derribó íntimamente a aquel hombre imbatible, que ni las más terribles tempestades en alta mar habían logrado jamás doblegar. Su esbelta figura se fue achicando paulatinamente. Y aunque hacía grandes esfuerzos para mostrarse con la misma vitalidad de siempre, todos se daban cuenta de que Lussich sufría inmensamente. Doña Ángela también sentía que desde la muerte de Milton muchas cosas ya no tenían sentido. No obstante, sabía ocultar mejor su dolor. No en vano don Antonio la llamaba la Espartana.

Lussich continuó ocupándose del bosque, aunque ya no con la misma pasión. Delegó buena parte de sus tareas en Ernesto Villegas Suárez, su administrador. Y en Isidoro, para muchos, su mano derecha. Luego de la muerte de Milton, Isidoro, que conocía tanto el bosque como Lussich, se convirtió también en su confidente. Solía sentarse con él largas horas en la galería de la casona. Isidoro lo escuchaba. A veces hacía algún comentario. Pero aquel hombre fiel, que sentía un gran afecto y admiración por su patrón, comprendía que don Antonio había dejado de soñar y hacer proyectos para refugiarse en los recuerdos.

En los atardeceres era doña Ángela la que lo acompañaba en la galería. Ambos permanecían en silencio mirando el horizonte. Ya no era la nostalgia del marino la que lo convocaba ante ese maravilloso espectáculo de la naturaleza, sino la angustia y el dolor por la ausencia de Milton. A veces don Antonio cruzaba una mirada con la Espartana. Entonces ella sin pronunciar una palabra le tomaba la mano. Así en silencio y con los dedos entrelazados se consolaban mutuamente hasta que el sol se ocultaba en el mar.

Fue una mañana de marzo de 1928 que Lussich recorrió por última vez el bosque con Isidoro. Los colores ocres que lentamente iban ganando el paisaje anunciaban la pronta llegada del otoño. Al retornar a la casa, se sentaron como ya era costumbre en la galería. Todo estaba pronto para que después del almuerzo los dueños de casa volvieran a Montevideo. Don Antonio, fatigado por la caminata y en voz baja para que nadie más que su capataz lo escuchara, dijo:

—Cuando yo me muera, tú liberas a todos los pájaros de la jaula.

Isidoro, entre sorprendido y acongojado, trató de manifestar algo, pero las palabras no le salieron.

—No me digas nada —expresó Lussich—. Sólo te pido que cuando yo ya no esté, sueltes a los pájaros.

*Julio Argentino Roca*

# «Me redime el contacto con la naturaleza»

—No sé lo que piensa usted frente al mar —comentó Julio Argentino Roca aquella fresca tarde de abril de 1913, sentado en la galería de la casona del bosque.

—Creo que nunca pienso lo mismo —respondió su anfitrión oriental, Antonio Lussich. Y agregó—: aunque la mayoría de las veces siento nostalgia de mis tiempos de marino.

—Yo viví una sensación muy extraña durante estos días que compartí con usted y con doña Ángela aquí en Punta Ballena. Le confieso que mientras contemplaba el océano sentí que empezaba a ser pasado. No sé si me comprende.

—¿Y cómo es eso? —inquirió Lussich, que vivía entonces uno de los momentos más felices de su vida y, orgulloso, mostraba la que consideraba su mejor obra: el bosque de Punta Ballena en su esplendor.

—Es así de sencillo, mi amigo —respondió el ex presidente argentino—: empezar a ser pasado es tener menos presente y ni qué hablar de un futuro. Hace tiempo que para mí el futuro pasó a ser un misterio.

Respetuoso pero ciertamente abrumado, Lussich quiso quitarle dramatismo al comentario:

—Usted nos ha regalado un lindísimo tiempo a mi esposa y a mí con esta visita —dijo Lussich y añadió—: Le recuerdo las palabras que utilizó cuando llegó a esta casa hace un par de días: que no sería ésta su única estadía aquí.

Roca se dio cuenta de que sus palabras sonaron como una triste despedida a los oídos de su anfitrión y comentó:

—Con tanto pasado, presente y futuro, esto parece una clase de gramática.

Así finalizó la serie de diálogos que Roca y Lussich mantuvieron en el otoño de 1913, cuando hacía apenas seis años que Punta del

Este había estrenado su nombre y eran muy pocos los que avizoraban el desarrollo que adquiriría décadas más tarde. De este encuentro queda hoy como testimonio un amarillento retrato que muestra a los dos caballeros sentados en la galería de la casona y que hoy se exhibe en el museo que allí funciona. También ha quedado grabado en la memoria de los nietos de Lussich, que a través de los relatos y anécdotas de sus mayores supieron de la historia. Y en unas pocas cartas que ambos intercambiaron. Esas notas, escritas en papel de seda y arrugadas por el paso del tiempo, duermen hoy en el cajón de los recuerdos que atesora la familia del marino oriental.

## *El viaje*

La familia de los Lussich era, de por sí, un batallón entero. Un ruidoso grupo al que, además, le gustaba recibir visitantes de todos lados, a quienes alentaban a llegarse hasta la casona pese a lo complicado del trayecto. «El premio —decían— vale la pena.»

Pero lo cierto es que, aunque el huésped fuera un ex presidente, trabajoso era en aquel tiempo aliviar la fatiga del viaje entre Buenos Aires y Punta del Este. Roca había viajado más de un día para llegar y la travesía le había resultado ciertamente cansadora. En realidad, descendió del carruaje fastidiado y con un poco de malhumor, que sus anfitriones disiparon enseguida. Para un hombre como él, acostumbrado a ejecutar, había sido un poco irritante no tener otra distracción más que conversar durante las 24 horas que duró el periplo.

Arrastrando el séquito que cargaba con sus bártulos, sus papeles y su caja de habanos, Roca había cubierto la distancia por etapas. Primero, navegó desde Buenos Aires hasta Montevideo. Allí, tras el recibimiento de rigor por parte de las autoridades orientales, tomó el tren que, lentamente, lo llevó hasta el pequeño caserío de Abra del Perdomo, entre Pan de Azúcar y San Carlos.

Mientras contemplaba los cerros del campo uruguayo y los comparaba con la llanura chata de La Pampa, recordó lo que 14 años antes había conversado en el puerto de Montevideo con el ex presidente oriental Juan Lindolfo Cuestas, quien lo había recibido en la visita oficial de 1899, cuando por primera vez un presidente argentino pisó el suelo uruguayo.

¡Qué año ese último del siglo! Roca no quería ni acordarse. No le dieron descanso ni siquiera en ese primer viajecito al Uruguay, que estaba pensado como una escala sin problemas y, sin embargo... ¡qué jaleo se terminó armando! La primera visita de un presidente argentino al vecino país casi concluye en escándalo. Roca se acordaba de todo perfectamente... ¡Cómo evitarlo!: el traqueteo del tren le impedía tomar notas o leer, conque no le quedaba nada más que meterse en sus propios pensamientos y así los recuerdos afloraban, como en las fotografías, con todos sus detalles.

La verdad es que todo aquello fue un gran lío que se fue complicando en la medida en que se daban más y más explicaciones de lo inexplicable. Roca era un hombre de carácter fuerte y a nadie escapaba que —pensaran lo que quisieran los orientales— él no sentía el menor respeto por el dictador Cuestas, quien le pareció un hombre vulgar y autoritario. No sólo no lo respetaba sino que, además, era amigo de sus opositores políticos. Y esto era algo que se sabía tanto en Buenos Aires como en Montevideo.

Al cerrar los ojos y dejarse mecer por el bamboleo del tren que lo llevaba hasta Abra del Perdomo, los recuerdos afloraron y Roca los fue repasando uno a uno. ¡Los fugaces momentos de gloria que regala la política! Tan breves, por cierto. Demasiado breves para el sacrificio, las tensiones, los desengaños y la soledad a la que confina. Pero, por pequeños y limitados que fueran, esos momentos perduraban en su mente como el combustible necesario para alimentar ambiciones más grandes. ¿De qué otra manera podría haber sobrevivido, si no, el hombre que fue dos veces presidente de la Argentina, a la que le dio forma de nación y la introdujo en el camino del desarrollo? Tenía entonces 65 años. Había nacido en Tucumán y pisó por primera vez Buenos Aires en 1861, cuando ya era un soldado de 19 años bautizado en el campo de batalla.

Sus pensamientos recorrían su larga carrera política. Como, por ejemplo, aquella primera visita oficial al Uruguay, cuando, en uno de los tantos banquetes que se le ofrecieron, conoció a Lussich y, pese a lo breve del encuentro, los dos hombres descubrieron inesperados puntos de contacto: su amor por la botánica, la audacia y el entusiasmo cuando un proyecto los convencía.

«El pobre Lussich es de los míos —reflexionó Roca—: puras hijas mujeres y un solo varón. Pero de los dos, él es el que está peor: si yo tengo cuatro hembras, él tiene como ocho. ¡Si será complicado vivir en esa casa! Lo que le cabe al oriental es esperar que su único hijo varón le dé todas las satisfacciones que se esperan de un buen criollo», pensaba Roca, cuya mente se había detenido en el pequeño Milton, el hijo adolescente de Lussich. Por entonces, el muchacho tenía 14 años y se le conocían dos devociones: su padre y los aeroplanos que tímidamente comenzaban a surcar los cielos de la región.

Sin embargo, Lussich tenía una aliada incondicional: su esposa, Ángela Portillo, cariñosamente apodada la Espartana, con la que tuvo un matrimonio feliz y duradero. Roca, en cambio, había enviudado de su mujer, Clara Funes, y en los corrillos de Buenos Aires circulaban historias sobre aventuras amorosas, supuestas o reales, con las que buscaba consuelo para su vejez.

—Sea bienvenido, general. Mi casa es la suya. Espero que se sienta a gusto aquí —dijo Lussich extendiendo la misma mano con la que había dibujado primero y sembrado luego el bosque que los rodeaba.

Roca giró la cabeza de frente alta y curva. Desde el pequeño morro contempló el cielo, miró el mar y el verde de los pastizales que, respetuosos, se detenían varios metros antes de la costa. El lugar le pareció un paraíso, un paisaje que Dios sólo pudo haber pintado en día feriado pero, solemne aún, el ex presidente argentino ocultó la emoción y respondió:

—Sus conceptos son muy amables. Y más me agradan al escucharlos de un hombre al que sé amigo y en un país del que conservo invalorables recuerdos.

Una hilera de personas esperó frente a la casa para recibirlo. Una mujer vestida de negro se adelantó, sonriente. Con aire decidido, se mostró dispuesta a terminar con el acartonamiento de aquella escena. Avanzó, extendió su mano y a partir de ese momento estableció el clima que reinó en la casa durante la visita:

—¡Ah! ¡Llegó por fin el prisionero! ¡Era hora! —exclamó la esposa de Lussich, y el viejo guerrero, desconcertado, reaccionó con picardía:

—No he sido ni seré nunca un cautivo... aunque viendo este lugar y estos amigos, estoy empezando a considerarlo... ¿Quiere decirme, querida señora, de qué se trata este juego?

—De que estamos felices de tenerlo en casa, don Julio, y tanto es así que usted estará en nuestras manos mientras dure su estadía para que podamos cuidarlo y agasajarlo como es nuestro deseo.

—Le aseguro que este viejo militar estará feliz siendo su esclavo —respondió Roca mirando fijamente el armonioso rostro de Ángela Portillo.

—Mire que me dicen la Espartana y parece que mi buena fama me he ganado...

—No se ofenda, señora, si respondo que prefiero el dulce rigor de su prisión al latín de su marido.

—Ahora la que no entiende soy yo... ¿Qué quiere decir con eso, general?

—Que apenas he pisado este paraíso y don Antonio ya me estuvo recitando el nombre de sus plantas en latín. Como tortura, sólo la supera la condena que me imponían, cuando presidente, en cada visita a un edificio público: ¡nunca me perdonaron ni un rincón para recorrer!

Los tres rieron.

## *El general y Punta Ballena*

La travesía había quedado atrás. Roca miró desde la ventana de la habitación que los Lussich habían dispuesto para él. Un aroma a flores lo invadía todo y con sólo una mirada adivinó el gesto personal de doña Ángela en el jarrón con pulposas camelias que descansaba sobre la cómoda de roble claro. Se olía a fresco, a limpio y a sal en el aire que respiró bien profundo, como para disfrutarlo más.

Se asomó a la ventana y estiró la vista lo más lejos que pudo hacia el espectacular paisaje. La serranía, las varas verdes del bosque que despuntaba porque así lo había dispuesto la voluntad de Lussich. Vio también las dos torres blancas de la catedral de Maldonado, que entonces manejaban los monjes capuchinos y, muy próxima, la construcción en piedra del cuartel de Blandengues. Cerca, sobresalía la estructura clara de la torre del Vigía y, un poco más lejos, se vislumbraba en el atardecer la punta rosada de la torre de las Viudas, la edificación que había hecho construir el inglés Henry Burnett, donde hoy funciona el Museo de Arte Americano, creado décadas después por Jorge Páez Vilaró.

Botánico pero no por eso menos marino, su anfitrión le había dejado un catalejo de su flota sobre la mesa para que Roca explorara en detalle la geografía de la península. Con las manos aferradas sobre el fino instrumento, el círculo de visión recorrió lentamente la línea del horizonte de lado a lado y se detuvo en un punto que llamó la atención del general: en el medio de la bahía, la isla Gorriti mostraba vegetación muerta y grisácea que se estiraba en ramas truncas, como si fueran brazos terminados en muñones mutilados.

—Por Dios, ¿qué es eso tan espantoso? —se preguntó Roca mientras apartaba el instrumento de la inquietante visión.

Se dispuso a refrescarse y, al mudar su ropa, el guijarro filoso que encontró en el bolsillo derecho de su levita gris le recordó la simpatía con que había sido recibido en Maldonado, la escala final de su viaje. Ceremoniosamente, uno de los hombres de Lussich que lo recibió en el pueblo le había entregado, en solemne gesto, un anzuelo de piedra.

—Perteneció a los charrúas, los primitivos pobladores de esta zona. Si uno camina cerca de la playa y presta atención, es posible encontrar tesoros como éstos —dijo el encargado de la casa que Lussich tenía como posta de refresco para sus visitantes. Y, tras ponerle la piedrita en la mano, el casero añadió—: Pero tenga cuidado, general, hay gente que se dedica a falsificarlos. Éste que le doy es genuino.

Tras pesar la piedra una vez más en su mano, Roca la depositó en el bolsillo del saco limpio. «De roca a Roca», pensó. Y salió al pasillo, a reencontrarse con el matrimonio Lussich, que lo aguardaba en la sala.

—Su propiedad es extraordinaria, don Antonio —dijo el visitante mientras dejaba atrás la escalera y avanzaba con nuevos bríos hacia la sala.

—Gracias. Yo estoy feliz con ella.

—Y el sitio no podía ser mejor —añadió Roca.

—Es un regalo del cielo. Claro que acomodar las paredes no fue una tarea sencilla. Tengo ocho hijas mujeres y... ya sabe: son rápidas para pedir. Mucho más ligeras que lo que lleva a un barco transportar sus caprichos. ¡Como si no supiera yo que la península entera está rodeada de naufragios!

Roca paseó la mirada por la estancia y se detuvo en un piano de media cola recubierto en preciosa madera oscura. Enseguida, una expresión vivaz apareció en su rostro.

—¿Puedo preguntarle, amigo Lussich, cuántas veces juró a la hora de traer este magnífico instrumento?

—¡Ni me hable! Pero ¿quiere decirme, en mi desventajosa posición de jefe de familia, cómo podría haber hecho para esquivar la promesa de un piano? Transportarlo fue casi tan complicado como toda la forestación...

—Otro tanto podría decirle. En mi estancia La Larga también tenemos un piano que aporrean mis cuatro hijas. Y yo... que todavía vibro cuando escucho una marcha militar, ¡la de refinados conciertos que me he visto obligado a simular que escuchaba, rodeado de pretendientes y aspirantes a serlo!

—Lo dice usted, que tiene cuatro. Yo tengo el doble. Con decirle que mandé construir allí enfrente una casa especial para recibir a los señoritos que pretenden visitarlas. No sea cosa que se me mezcle la hacienda antes de tiempo.

Los hombres rieron y se encaminaron a la galería para disfrutar de uno de los mayores placeres que regalaba la residencia: la puesta del sol sobre el mar. El silencio ganó a los privilegiados espectadores: sólo el canto de los pájaros y la música del viento acariciando las copas de los árboles se escucharon durante un largo tiempo. Ya acomodados en la terraza, Roca regresó de esa mágica pausa en la conversación con una ocurrencia:

—Pensándolo bien, la verdad es que sus hijas podrían haberle ahorrado el dolor de cabeza con el piano y pedirle en cambio uno de esos fonógrafos que se han puesto de moda ahora. Hubiera sido más fácil de transportar y es música lo mismo.

—Hable más bajo, don Julio, que si lo escuchan, seguro que me piden otro de esos aparatos, ya que uno suena todo el día en nuestra casa de Montevideo.

Producto de su propia ocurrencia, la cara de zorro del argentino se ablandó con un gesto divertido.

—Me ha dejado pensando con esto de los jóvenes, don Antonio. Con las cosas que se ven hoy...

—¿A qué se refiere?

—Hace poco regresé de un viaje a Europa con mis hijas. Ya sabe, dos estaban por casarse en ese momento y quisieron comprar su ajuar en París. Muchas cosas me impresionaron. Entre ellas, la cantidad de argentinos que encontré pasando largas temporadas en el Viejo Continente, dándose la gran vida. Yo mismo fui objeto de numerosos agasajos que se me prodigaron en mi condición de ex presidente y, más que nada, como un homenaje al país. Pero estos argentinos van por su propia diversión. Y fíjese que tanto se divierten y tanta manteca al techo tiran que son reconocidos por la nobleza europea, en la que mucho no creo, pero existe.

—Son los nuevos tiempos, don Julio. La nueva realidad de la Argentina, un país rico. Y Buenos Aires es la expresión más elocuente de esa prosperidad. Es una gran capital, tan activa y animada como podría ser París. Me parece que su gente bien puede darse el gusto de cruzar el océano y ver el otro mundo.

—Mis gustos son más austeros. Me atrae el campo. En eso, Buenos Aires y yo somos diferentes: la ciudad tiene el puerto que la hace cosmopolita; ése es su secreto. Todos los días se ven cosas nuevas y, por cierto, ¡cómo ha cambiado!

Roca recordó, entonces, su primera imagen de Buenos Aires, cuando, hacia 1861, llegó hasta sus puertas a lomo de un caballo ya cansado de tanto galopar. Regresaba de su primer bautismo de fuego cuando el criollo bordeó los arroyos de la gran aldea. Al traer a la mente aquella experiencia de sus 20 años, el ex presidente preguntó a Lussich:

—¿Sabe cuál fue mi primera impresión de Buenos Aires?

Lussich bien podría haber ensayado una respuesta. Él había pasado por la misma experiencia once años después que su visitante, cuando en 1872 publicó en la capital porteña su libro de poesía *Los tres gauchos orientales.* Sin embargo, se dio cuenta de que, desde su llegada a su casa, el ex presidente argentino buscaba en el privilegiado paraje no tanto un descanso como sí una mano amiga y un oído bien dispuesto a escuchar sus historias y recuerdos.

—¿No la adivina, don Antonio? —desafió Roca.

El oriental guardó silencio.

—Buenos Aires me pareció enorme y animada. Pero, enseguida percibí un aroma más bien pestilente que todavía recuerdo. No había agua corriente y ni qué hablar de las cloacas, por las que tanto me preocupé durante mis presidencias. Me di cuenta entonces de que el progreso de los pueblos no viene solo.

—¿Sabe una cosa, don Julio? —interrumpió Lussich—. Yo respeto a los visionarios. Sin ir más lejos, aquí, en medio de los médanos, hay gente que sueña proyectos para este paraje que hace sólo quince años era una enorme extensión vacía de vida y de futuro, y del que, sin embargo, yo caí enamorado.

Al igual que Roca con su entrada a Buenos Aires, Lussich recordó entonces el momento en que pisó por primera vez Punta del Este, entonces denominada como pueblo Ituzaingó. Y le contó a su visitante la hábil jugada que le permitió comprar Punta Ballena.

—Viejo zorro —lo chanceó Roca.

—No menos que usted, que tiene exactamente ese mote en la vida política, —replicó, ligero, el dueño de casa.

Entre toses y risas, Roca consintió y, tras una pausa, Lussich enterneció el semblante y avanzó un poco más:

—¿Sabe una cosa, don Julio? Usted y yo tenemos algo en común. Yo también amé de la nada.

Y, disimuladamente, miró con orgullo su casa, erigida como un capricho en el morro. Y también extendió la vista hacia el bosque que los rodeaba en un fuerte abrazo verde.

Unos metros más adelante, la Espartana cortaba con ternura las flores de un árbol de camelias. Joven y parecida a un jazmín del cabo, la planta brillaba en pimpollos que luego regalarían pétalos rosados y blancos. El ex presidente argentino supo entonces de dónde habían salido las flores que perfumaban su habitación y quién las había dispuesto.

—¿Sabe? Si no fuera por mi esposa, que estaba harta de que el viento azotara las ventanas de esta casa, yo jamás hubiese empezado a plantar. Todos los que consulté me dijeron que estaba loco. Pero a mí me gustan los desafíos y, además, ¡hay que ver lo que es capaz de hacer un hombre cuando una mujer presiona! Mi mujer me dio una lección: yo no me podía quedar atrás.

Al día siguiente, Roca prefirió empezar la jornada en soledad y recorrió el bosque. Se adentró por uno de los senderos y se maravilló de la certera visión de Lussich para elegir la propiedad. Desde un claro del bosque, en el que hizo una breve pausa en su paseo, pudo contemplar sin dificultad Punta del Este y las bahías de Portezuelo y de Maldonado. Le vino entonces a la memoria la combinación de exuberancias en tierra, bosque y océano que había visto sólo un año antes en Rio de Janeiro, en lo que fue su último viaje de servicio político a su país.

—¿Piensa volver a tomar algún día las riendas del gobierno de la Argentina, don Julio? —le había preguntado Lussich la noche anterior, mientras comían sentados en torno de la amplia mesa dispuesta frente a la chimenea del comedor.

—No, mi amigo. Considero que tengo derecho al descanso, después de haber consagrado la mayor parte de mi vida al país. Estoy fuera de la política activa.

—Raro para su costumbre —terció doña Ángela en la conversación, con un comentario en el que el invitado no vio otra cosa que una muestra de genuino interés—. Si me disculpan los hombres, ésas son cosas que los políticos afirman siempre —dijo la mujer.

Galante, Roca se volvió hacia ella:

—Mi querida señora, voy a confesarle algo que está muy dentro de mí y que, sin embargo, pocos saben.

El matrimonio aguardó en silenciosa expectación mientras el invitado depositaba la copa de cristal de Bohemia nuevamente sobre la mesa.

—Le diré... Noto en el ambiente político de mi país una cierta hostilidad. Yo paso entre la multitud como un hombre que fue. Y, después de todo, ¿quién sabe si no estoy tocando ya los límites de la tumba?

—Los grandes hombres, como las altas cumbres, nunca se extinguen. Se ven siempre desde lejos —respondió rápida doña Ángela.

Con vanidosa satisfacción por la cortesía que le prodigó la dama, el argentino recordó todo eso mientras regresaba de su paseo. Pensó una vez más en la dulzura con que lo había animado la Espartana y reflexionó sobre lo difícil que le resultaba aceptar llanamente esos consuelos a esa altura de su vida. «La buena fe, como todo, se fatiga», dijo en un murmullo que nadie más que el viento pudo haber escuchado.

En esa introspección andaba el invitado cuando, como una erupción desde otro mundo, las tres hijas menores de los Lussich pasaron frente a él en bulliciosa carrera. «Buenas días, señor», dijeron casi a coro pero sin detenerse: el joven Milton las perseguía con unos amigos y el juego era, precisamente, no dejarse atrapar.

Don Antonio había visto la escena de lejos y se acercaba a Roca con un mate en la mano: sabía que el general se había acostumbrado a tomarlo durante sus días de larga campaña en el ejército. Favorecida por la mañana apacible, la proximidad entre ambos se acrecentaba con el paso de las horas.

—Me intriga esa isla —dijo Roca mirando hacia la Gorriti—. La he visto desde mi habitación, con el catalejo que usted me dejó. Tiene un aspecto desolador.

—Le pasarán los años, mi amigo, pero su vista es asombrosa. Yo desde aquí apenas si la distingo, pero no lo necesito: conozco esa isla como la palma de mi mano. Hay un pequeño amarradero entre las rocas y la arena, con el pretencioso nombre de Puerto Cañón. También hay un arrecife cerca y yo trabajé en el rescate de unos cuantos barcos que cayeron en la trampa.

—Hasta tiene algo terrorífico, como de cuento de fantasmas... —insistió Roca.

Lussich dijo entonces que esa apariencia quizá no tuviera tanto que ver con el arrecife sino con un gran incendio. Desde mucho antes que él llegara a Punta Ballena, la isla estaba totalmente cubierta de bosques. Era un paraíso. No se sabe muy bien cómo ocurrió pero se incendió en 1894. El fuego arrasó con casi todos los árboles que existían.

Don Antonio conocía el gusto de Roca por las leyendas populares y, para agregar un poco más de misterio al relato, le confió la versión según la cual el siniestro escondía una secreta venganza.

Se contaba entonces que en 1874 hubo un proyecto para instalar un lazareto en Gorriti. La gente de Maldonado, que desde siempre se vanaglorió de su salud y de los aires puros de la zona, se negó terminantemente y la idea fracasó. La historia decía que el incendio fue la consecuencia directa de esa negativa.

Los hombres miraron hacia las ramas, tenebrosas como huesos desprovistos de carne. Lussich explicó que la idea se había gestado cuando hubo que reemplazar el lazareto que funcionó hasta 1890 en la isla de Flores, frente a Montevideo. Roca la conoció porque, en el viaje oficial de 1899, su barco buscó allí refugio contra un fuerte temporal.

—Y ahora, ¿qué van a hacer? —preguntó.

—Acá hay un hombre muy entusiasta. Un tal Juan Bautista Gorlero, que ya fue intendente de Maldonado. Con él estamos tratando de reforestar la isla. Creo que lo vamos a lograr.

—Si se trata de forestar y de usted, no tengo dudas de que así será —dijo Roca, quien para entonces había introducido distraídamente la mano en el bolsillo de su saco y jugueteaba sin prestar atención con el anzuelo de piedra que le habían ofrendado en Maldonado.

Doña Ángela se incorporó en ese momento a la conversación y alcanzó a ver la piedra charrúa entre los dedos del argentino.

—¡No me diga que ya le dieron una de ésas y le dijeron que era una antigüedad charrúa, don Julio!

—En efecto, señora —dijo Roca, adivinándolo todo y divertido ante la turbación de la mujer. Para evitarle más mortificación, prefirió no comentar dónde había obtenido el guijarro—. Aquí me ve —siguió—, soy el feliz depositario de un vestigio aborigen que a usted parece llamarle mucho la atención. ¿Acaso es coleccionista?

Doña Ángela seguía molesta. Tenía que ponerlo sobre aviso y no sabía de qué manera.

—Caramba, don Julio. Hay que ver lo que nos toca por aquí: si ya hasta fabricantes de reliquias tenemos...

—Véalo desde lo positivo señora: un pueblo muy industrioso, sin duda —respondió distendido y sonriente.

Depositó más tarde el anzuelo sobre una mesa de la galería. Otra leyenda asegura que la Espartana pasó el guijarro de mano en mano hasta que llegó a las de quien, durante muchos años, y en Montevideo, lo exhibió en una vitrina como parte de una colección de antigüedades de la región.

Pese a que don Antonio había propuesto una excursión en uno de sus barcos hasta la isla que tanto había llamado la atención del argentino, el tiempo transcurrió más rápido de lo esperado y pronto llegó el momento en que Roca debía emprender el regreso. Sí pudo recorrer las playas y contemplar los sitios en que los bañistas disfrutaban del mar con un signo de osadía para la época. En ese entonces y sólo en Punta del Este, hombres y mujeres se daban baños de mar en la misma playa.

Roca estaba preparando sus cosas para emprender el regreso a Buenos Aires, cuando Lussich pasó frente a su habitación y, al ver la puerta abierta, ingresó tras haber golpeado brevemente. Mientras cerraba su pequeño baúl y como al pasar, comentó: «Cuesta mucho dejar un lugar como éste».

—A mi esposa y a mí nos ocurre lo mismo —replicó Lussich y añadió—: Cada vez es mayor el tiempo que pasamos aquí y se reducen nuestras estadías en Montevideo. Es curioso: en los momentos en que pienso en eso no me canso de recordar que cuando empecé mi aventura botánica, muchos me dijeron que estaba loco.

—Ya debe estar acostumbrado, siempre dicen lo mismo de los pioneros. Los dos lo sabemos por experiencia. Pero yo ya soy paciente al respecto y comprendo que no todos puedan entender que, ante la intuición de los resultados, locura hubiese sido no hacer lo que debía hacerse. Eso es lo que diferencia al hombre que va adelante del que viene un poco después —expresó el visitante, al tiempo que buscaba un libro sobre la mesa de luz. Lussich miraba el ajetreo de su invitado.

—Me alegra, mi amigo, saber que le cuesta partir. Eso es señal de que el retorno a nuestra casa será pronto.

El rostro habitualmente grave del ex presidente argentino tenía otra expresión y reflejaba satisfacción por el descanso que le prodigó Punta Ballena.

—La naturaleza, el campo sobre todo, y ahora también el mar, vuelven a ocupar un lugar dominante en mi vida. Yo, que tuve que practicar muchas veces el arte de la mentira y de la falsedad, siento que me redimo en contacto con lo que perdura. Soy feliz cuando me pierdo en un largo galope, viendo el campo infinito.

—Es el mismo placer que yo experimento aquí, en este sueño hecho realidad —se sinceró a su vez Lussich.

Los dos hombres se dieron luego un fuerte apretón de manos y caminaron juntos hacia el pasillo. Lussich cargaba las pertenencias de Roca. Antes de cruzar la puerta, el argentino tomó un pequeño pétalo del ramo de camelias y lo colocó entre las hojas de su libro.

Todavía está allí.

La historia confirma que —pese a las promesas y el deseo— el tiempo que compartieron en Punta Ballena en 1913 fue la última ocasión que tuvieron Roca y Lussich para hablar personalmente.

Sí mantuvieron un intercambio epistolar que, entre los hombres de la época, era la vía más directa para comunicarse y, a la vez, reflejar estados de ánimo que, por la reserva que se solía cultivar, no siempre se comentaban de manera explícita.

Esa correspondencia, en su mayoría inédita, fue en buena parte el soporte histórico para este relato. Y de ese intercambio llama la atención por lo reveladora una carta que Roca le dirigió a Lussich, fechada el 12 de octubre de 1914, en respuesta a otra del oriental que el ex presidente había recibido 48 horas antes.

Señor Don Antonio Lussich,

Mi estimado amigo:

Su carta de fecha 10 del corriente me ha hecho revivir los inolvidables días que tuve la dicha de pasar en su magnífica posesión de Punta Ballena.

Yo también me sorprendo del tiempo que ha transcurrido sin que nos comuniquemos, pero la vida es así: de pronto acerca a los hombres para luego alejarlos por largos períodos, lo que no impide, como en nuestro caso, que sigan a través del tiempo y del espacio vinculados en el culto de la buena amistad.

Me imagino cómo estará de expléndida [sic] su residencia de Punta Ballena, retazo de paraíso que a fuerza de inteligencia y perseverancia Usted supo formar.

De muy buena gana volvería yo a visitarla, pero los achaques de los años pueden más que mis deseos. De un tiempo a esta parte mi salud se halla un tanto resentida y no puedo ni pensar en hacer viajes. A mi edad, sólo resta ir pensando en el último viaje, la salida de este mundo, que si nunca fue un paraíso, tal como se van produciendo los acontecimientos en todas partes del mundo, resultará un verdadero infierno.

Reciba un fuerte apretón de manos de su amigo afectísimo,

Julio Argentino Roca.

Siete días después de haber escrito esta carta, el general Roca murió en su casa de la calle San Martín 577. Sus comentarios parecen sumar elementos a la idea de que, bastante antes de que llegara, presentía ya el final y hasta quizá se había entregado.

En todo caso, su encuentro con la muerte fue como él lo había esperado: breve, de solución rápida, sin claudicaciones físicas ni morales.

Centenares de libros se escribieron sobre él. Pero, como si las hubieran borrado el mar y el viento, son escasas las referencias sobre su paso por Punta Ballena y sobre la amistad que mantuvo con uno de los hombres que, como él, más hicieron por el lugar que eligieron como propio.

Quedara donde quedara.

## *Rafael Alberti*

«Hoy el mar y los pinos uruguayos
me consuelan. Y las canciones
que me suben ya en la mitad de la vida,
se hacen más hondas
y ligeras arrulladas por ellos»

Elsa se sorprendió al ver a aquel hombre que, parado en el frente de su casa, observaba detenidamente cada detalle del jardín. Alto, delgado y con una larga cabellera blanca agitada por la virazón del Este y con un gorro azul de marinero que coronaba su enorme figura, recorría con una mirada cargada de nostalgia los pinos, las plantas y las flores de La Gallarda. Por momentos, con pasos cortos y lentos se internaba unos metros en el jardín y sus ojos se detenían en las paredes del frente de la casa, como buscando algo.

Ella no esperaba a nadie. Tampoco abril era un mes en el que los turistas, como sucede en octubre o noviembre, se acercaran para preguntar si la casa se alquilaba en el verano. Los sorpresivos visitantes eran generalmente argentinos que, en busca de un buen negocio, interrumpían muchas veces, a las horas más insólitas, el sagrado rito de la lectura que los dueños de casa practicaban religiosamente desde que adquirieron La Gallarda, a fines de los años cincuenta. Para Elsa García Vidal y su esposo Jorge Almada Morrison, sumergirse en la lectura de los cientos de libros que pueblan la enorme biblioteca de la casa y que estaban en ella cuando tomaron posesión de su hogar puntaesteño, se transformó en una pasión casi incontenible y que era matizada con el cuidado de las flores del parque que los rodea.

El hombre subió lentamente la pequeña loma verde sobre la que se encuentra La Gallarda, llegó hasta el porche y con su mano derecha hizo sonar con fuerza la antigua campana de bronce que oficia de timbre. Elsa, más intrigada que nerviosa, abrió la puerta. El hombre con un gesto elegante se sacó el gorro, sonriendo y con voz entrecortada por la emoción, se presentó: «Mi nombre es Rafael Alberti».

Fue un reencuentro íntimo: cuarenta y un años después de haber dejado la casa en la que se refugió durante más de una década, el poeta español regresó para volver a verla. Vivió un otoño lleno de nostalgias en que lo único que le resultó desconocido fue el rostro de los nuevos propietarios de La Gallarda, el chalé que construyó para mitigar la angustia del exilio. Los sueños, las ilusiones y los poemas que se gestaron en esa casa forman parte del relato que aportó para esta historia Aitana, la hija de Alberti, durante su propio reencuentro con Punta del Este.

## *El testimonio de Aitana*

Fue en un mes de diciembre de comienzos de la década del cuarenta cuando mis padres desembarcaron por primera vez en Punta del Este. Vivían entonces en Buenos Aires los primeros años de su exilio y llegaron a las costas orientales atraídos por la fama de paraíso encontrado de que ya gozaba, entre los argentinos, Punta del Este. Fue un amor a primera vista y como tal duraría para toda la vida.

Desde el primer día en que mis padres tomaron contacto con las playas uruguayas concibieron el sueño de construir allí una casa. El proyecto era entonces exactamente eso, un sueño. Ellos acababan de llegar a la Argentina huyendo de la España de Franco, sin otro capital que un grupo de buenos amigos y la necesidad de comenzar una nueva vida. Sus únicos tesoros eran la pluma y el saber de un poeta.

El sueño de contar con un refugio en Punta del Este fue, especialmente para mi padre, una necesidad para su alma. El mar con sus sonidos, el bosque con sus silencios y sus aromas aplacaban en parte la nostalgia y el dolor que le producía el haber tenido que abandonar su país. El paisaje de la península le traía a su mente los recuerdos más hermosos de su infancia en su natal puerto de Santa María. El mar siempre ejerció una gran influencia sobre mi padre y despertó en él una pasión que aún hoy, a sus 96 años, sigue tan viva como el primer día. En Buenos Aires, pese a la generosidad y solidaridad de los argentinos, papá experimentó una sensación similar a la que le produjo en 1917, cuando tenía 15 años, el abandonar con su familia Santa María para irse a vivir a Madrid. Nada peor que para un joven con sueños y aires de marino que establecerse en una ciudad mediterránea. No obstante, poco después de instalarse en la capital española escribió su famoso libro de poemas *Marinero en tierra*, que lo consagró como poeta y por el cual recibió luego el Premio Nacional de Literatura en España.

También Punta del Este evocaba en mis padres unas de las mejores etapas de sus vidas. Para ellos, pasar los veranos en la península fue como recuperar momentos felicísimos de su juventud. Ambos vivieron la primera etapa de su noviazgo en Mallorca. Allí, en una zona llena de pinares con una paisaje parecido al de Punta del Este, escribieron juntos las primeras páginas de su historia de amor. Asimismo, los bosques de Punta del Este traían a sus memorias los últimos momentos que vivieron en España antes de tener que partir al exilio.

Mis padres se encontraban en Ibiza de veraneo cuando se produjo la sublevación franquista el 18 de julio de 1936. Al caer Ibiza en manos de los insurrectos tuvieron que esconderse en los alrededores de la ciudad. A lo largo de varias semanas se refugiaron en montes de pinos, viviendo a la intemperie y con la ayuda de algunos campesinos que les proporcionaban alimento. Pese a ser aquellos momentos muy terribles para la vida de España, mis padres siempre los recordaban sin dramatismo y como una aventura de esas que, como ambos decían, «sólo se pueden vivir cuando se es joven y un gran amor une a dos personas». Luego Ibiza fue recuperada por un breve lapso por las fuerzas republicanas y ellos pudieron volver al continente.

En 1939, cuando la guerra civil llegaba a su fin y Franco se entronizaba en el poder, mis padres se encontraban en Alicante, último refugio de las fuerzas republicanas. Se vieron entonces obligados a huir hacia África. Papá siempre cuenta que, desde la pequeña avioneta que los transportó, la última imagen que junto a mamá tuvo de España fueron las enormes plantaciones de almendros de la sierra de Aitana, donde se producen las almendras para los famosos turrones de Alicante. Pocos años después, cuando yo nací, me bautizaron con el nombre de Aitana. Ambos coincidieron en que era una suerte de homenaje al paisaje español que sus ojos vieron por última vez antes de marchar al exilio. Fue una manera también de tener permanentemente presente a España en el nombre de la persona que más querían. Cosas de poeta.

## *El sueño del poeta*

La magia que Punta del Este tenía entonces y tiene hoy, logró que mi padre no sólo escribiera allí cientos de poemas, sino que retomara su primera pasión: la pintura. Hizo además que ambos se propusieran concretar el sueño de construir en ese paraíso una casa. Esa casa sería, sin lugar a dudas, el verdadero hogar de sus años de exilio en América.

Y el sueño, como en el cine, no tardó mucho en hacerse realidad. Una película fue justamente la que les proporcionó el dinero necesario para comprar el terreno en el cual edificaron luego la casa. Mi padre la bautizó con el nombre de una de sus más exitosas obras de teatro: La Gallarda. La actriz argentina descendiente de gallegos Delia Garcés junto al director argentino Luis Aslawsky encargaron a mi madre la realización del guión de la película *La dama duende,* que se filmó en Argentina. Se trataba de la adaptación de una obra de Calderón de la Barca, a la que se le incluyeron poemas de papá y que resultó un verdadero éxito que recorrió toda América.

El terreno lo adquirieron en el entonces naciente barrio de Cantegril, que impulsaba el argentino Mauricio Litman, en la parada 15 de la playa Mansa, a dos cuadras del mar. El lugar contaba por aquellos años con muy pocas construcciones. Enfrente había un gran médano que pertenecía al poeta argentino Oliverio Girondo, que frecuentaba las tertulias que en los atardeceres se formaban en La Gallarda. En la esquina se encontraba el chalé de Adán y María Elena Dielh, que habían bautizado su casa con el nombre de Los Gorilas en honor de sus dos pequeños sobrinos. Estos niños eran realmente unos salvajes. Todos los vecinos sabían cuándo llegaban de visita, porque la tranquilidad y la paz de la zona se veía alterada. Un poco más lejos, en la península, tenían su casa el arquitecto argentino Alberto Ugalde y su esposa Odette. Su hija Anette fue la amiga entrañable de mi infancia y la persona que está permanentemente presente en mis recuerdos cuando evoco los veranos de Punta del Este. Aquello era una pequeña villa en la que todos nos conocíamos.

La construcción de La Gallarda estuvo a cargo del arquitecto Antonio Bonet. Bonet era un reconocido profesional de Cataluña que, al igual que mis padres, debió exiliarse luego de la guerra civil. Como tantos otros españoles, se afincó en el Río de la Plata. Sus principales obras en Punta del Este se encuentran en Portezuelo y tengo entendido que La Gallarda fue una de las pocas casas, si no la única, que edificó fuera de la zona de Punta Ballena.

La Gallarda se levantó en un amplio terreno ondulado donde entonces se erguían más de ochenta pinos y varias acacias. Actualmente los vientos y temporales que suelen azotar el Este uruguayo han diezmado el lugar de esos maravillosos árboles. No obstante, la casa hoy se encuentra casi igual a como era cuando nosotros veraneábamos en ella, hace ya casi medio siglo. La sala con su biblioteca y su chimenea, que papá encendía en el mes de marzo al más mínimo descenso de temperatura, sólo por disfrutar del placer que le generaba ver consumir los leños en el fuego, y el dormitorio principal dan al frente. En el fondo del jardín, una pequeña habitación, que se mantiene intacta, era el refugio privado de mi padre. Allí él pasaba largas horas trabajando.

Él mismo en su libro *Poemas de Punta del Este* lo describe de la siguiente manera: «Mi cuarto de trabajo en La Gallarda es chico y separado de la casa, en una esquina del jardín del fondo. Celda clara de cal, el techo azul, ventanal alargado, abierto a las acacias y los pinos. Tres metros por dos son casi ya un palacio para mi necesario recogimiento, mi trabajo constante».

En esa celda recoleta papá no sólo escribió sus *Poemas de Punta del Este*, sino que allí también nació *Abierto a todas horas*, uno de sus más hermosos libros de poesía, en el que el mar y las playas uruguayas fueron la fuente de inspiración.

A ese lugar mágico mi padre se dirigía todos los días en horas de la madrugada. «Siempre me suelo levantar, y sobre todo, aquí en los pinos del Este, antes del alba, así, a las diez, cuando ya he ganado, trabajando, cinco horas de vida, muchos siguen durmiendo y otros comienzan», porque «son los gallos y no la luna los que iluminan de alegría en el papel de mi primera palabra» y porque «de las neblinas del amanecer se va desprendiendo poco a poco la nebulosa del poema».

Esa pequeña habitación, a la que a veces yo me atrevía a entrar con mi amiga Anette, representaba el mundo personal y privado de mi padre. Era, como él lo señala, su propio «corazón agrandado», en el que «si algún día cuando ya no esté yo, le preguntaseis, entrando en él y cerrando la puerta, os diría, latido por latido, todas mis agonías de estos años desgajado de España, mis oscuros y luminosos amaneceres de lucha, trabajando para mejorar mi poesía, no repetirme, llegar a ser meridiano, pero sin concesiones, no perder el compás del pulso de mi época. Los tres metros por dos de esta celdilla mía de La Gallarda guardan mi corazón, mi cabeza y mis manos. Nunca los profanéis».

A sus tempranas horas de riguroso trabajo le seguían otras tantas de playa. Sobre las diez de la mañana él y yo nos dirigíamos a la Mansa. Mi madre se quedaba en casa. No le gustaba bañarse en el mar. Un incidente que protagonizó en su niñez en San Sebastián y en el que estuvo a punto de ahogarse hizo que mamá nunca más concurriera a la playa. En la Mansa mi padre y yo realizábamos largas caminatas por la orilla, recogiendo caracoles o simplemente dejándonos bañar por las olas que morían en la arena. A veces, en esas caminatas, mi padre me recitaba poemas. Siempre me maravilló su capacidad para recordar versos de los más variados autores de todos los tiempos. En otras ocasiones contribuía a mi imaginación y a la de mi amiga Anette. Ambas sosteníamos que la cercana isla Gorriti era un lugar encantado. Para nosotras, la isla que tanto observábamos desde la Mansa estaba habitada por príncipes y princesas. También vivían allí muchos de los personajes de los libros de cuentos que leíamos en la escuela. Papá alimentaba nuestras historias creándonos personajes que, según decía, llegaban a Gorriti desde países lejanos, luego de atravesar mares remotos buscando paz, justicia y solidaridad.

Nunca ni él ni yo visitamos la isla Gorriti. Ni en los tiempos en que veraneamos en Punta del Este, ni en los años posteriores en los que volvimos. Personalmente sé que nunca iré a Gorriti. Creo que las fantasías y los recuerdos que alimentaron mi infancia deben permanecer allí: en la memoria y en el corazón; para que el encanto perdure.

La imaginación también la echaba a volar cuando esporádicamente íbamos a la playa Brava. Por supuesto que no me dejaban bañar en su encrespado mar. Tal vez por eso las historias que allí creaba tenían que ver con piratas y bandidos que habitaban en la lejana isla de Lobos y que se disputaban el dominio de su solitario faro.

Si para mis padres Punta del Este fue el hogar del exilio en América, para mí fue mi infancia y el sinónimo de la felicidad y de la libertad. Hoy que han transcurrido más de cuatro décadas de aquella maravillosa época, puedo recordar con exactitud cada verano que pasamos en La Gallarda. Sin embargo, los recuerdos que guardo de los inviernos que viví en Buenos Aires se me superponen y no puedo distinguir uno de otro.

Aún en mis oídos resuena el sonido de la campana de bronce con la que Pablo Neruda apareció una mañana de enero en La Gallarda y que le regaló a mi madre para la nueva casa. Ese mismo día Neruda me obsequió a mí una lámpara de bronce hecha con partes de un barco. Esa lámpara fue mi veladora durante los años que veraneamos en Punta del Este. Mamá colocó la campana de Neruda en el porche principal para que oficiara de timbre. Ella la hacía sonar cuando caía la noche. De esa manera me convocaba a mí para la cena. Yo generalmente me encontraba con mi amiga Anette en el médano de Oliverio Girondo. Allí habíamos construido sobre un árbol una casita.

## *Una mesa con muchos poetas*

A la hora de la cena siempre había en casa más de un invitado. Eran generalmente intelectuales amigos de mis padres, que veraneaban en Punta del Este o que llegaban expresamente a visitarlos desde otros países. Las reuniones, que empezaban en los días más calurosos de enero y febrero al atardecer, se prolongaban hasta después de la cena y terminaban cerca de la medianoche. El escritor uruguayo Enrique Amorim era uno de las figuras que más frecuentaba aquellas tertulias. También eran de la partida el argentino Manuel Mujica Lainez, el poeta franco uruguayo Julles Supervielle y María Rosa Oliver. Personajes que hoy son leyendas y que tuve la fortuna de conocer en la vida cotidiana. Asimismo recuerdo especialmente al pintor brasileño Cándido Portinari. Portinari llegó una tarde de visita a La Gallarda y se quedó varios días pintando para mis padres un gran mural en una de las paredes de la sala de la casa. La obra representaba a una mujer semiarrodillada que cargaba sobre sus hombros un enorme pez.

Aquellas reuniones terminaban siempre con mi padre recitando poemas. Cuando yo desde mi cuarto escuchaba a papá decir versos de Juan Ramón Jiménez, de su entrañable amigo Federico García Lorca, de Antonio Machado o de Rubén Darío, sabía que la tertulia estaba llegando a su fin. Esos mismos versos fueron en mi niñez mis canciones de cuna. Papá y mamá me acunaron siempre con lo que más amaban y sentían: la poesía.

Los recuerdos que mi padre y yo guardamos de Punta del Este están más ligados a las pequeñas historias cotidianas que a los grandes acontecimientos, que también los hubo. Sin embargo, no fueron éstos los que quedaron registrados intensamente en nuestros corazones y en nuestras memorias. El canto de las chicharras en las tardes de calor agobiante del mes de enero. Sonidos que a la hora de la siesta eran interrumpidos por la potente voz del vendedor de helados Conaprole que, con su pequeño carrito de madera, pasaba sistemáticamente todos los días por la puerta de La Gallarda y sobre el que nos abalanzábamos siempre Anette y yo. El perfume de los pinos, que se hacía más intenso a mitad de la tarde cuando se levantaba la virazón del este. El olor intenso y penetrante del mar que anunciaba en los atardeceres la llegaba de alguna tormenta. Todas estas sensaciones están guardadas dentro de mí y afloran instantáneamente cada vez que rememoro mi infancia en Punta del Este.

Fue justamente luego de una de esas tormentas que suelen levantarse en la península y que parece que la lluvia y el viento fueran a arrasar con los bosques, que el escultor español Manuel Ángeles Ortiz llegó a La Gallarda. Manolo, como le llamaba mi padre, había sido uno de los mejores amigos de García Lorca. Apareció en la casa cargando la enorme rama de un árbol, que, según dijo, había recogido en la playa. Durante varios días estuvo trabajando en ella. Con sus manos transformó esa rama inerte en una hermosísima escultura, que mi madre colocó en la sala de La Gallarda.

Papá, como él mismo reconoce, retomó su pasión por la pintura en Punta del Este. «Ahora que voy perdiendo la paciencia para escribir, la voy ganando para pintar», solía afirmar. Fue él quien me enseñó a descubrir los colores en la naturaleza. Gracias a mi padre aprendí a reconocer los cambios que las diferentes estaciones producen en los pinares. Pasábamos juntos también largas horas mirando el mar en la zona del faro, en la península. Los dos juntos en silencio. Él creando nuevos versos en su mente. Yo feliz, imaginando mil historias. Allí, escoltados por esa enorme mole de cemento, que con su luz todo lo mira, nació su libro *Pupila al viento.* Papá escribió esos versos en homenaje a Punta del Este y a su privilegiada naturaleza.

Pero estábamos en su retorno a su primera pasión: la pintura. Él mismo en *Poemas de Punta del Este* lo cuenta de esta manera:

> ¡Qué redescubrimiento para mí los colores! Paso ahora los días y los días trasladándolos puros de los tarros, jugándolos ya en líneas gruesas o delgadas por la extensión luminosa del papel. ¡Qué poder de abstracción! ¡Qué medio misterioso de ausentarle, de hacerle a uno viajero feliz de un mundo deslumbrante, del que cuando se regresa se está soñando ya con encontrárselo de nuevo! Mañana, antes aun de que amanezca, me volveré a embarcar, cada vez con más ansia, hacia ese país de colores, de donde no será difícil que algún día no retorne.

Su regreso a la pintura se materializó en una serie de pequeños cuadros que él pintó sobre unos paneles de madera que se encontraban en el frente de La Gallarda, entre los dos ventanales principales de la casa. Él denominó a estas obras *liricografías*, porque se trata de un texto poético unido a una ilustración alusiva. Cada una de esas liricografías se las dedicó a sus amigos más entrañables de Punta del Este.

## *El desembarco era en Navidad*

Nuestro desembarco en Punta del Este se producía todos los años a comienzos de diciembre y se prolongaba, de acuerdo con el calendario escolar argentino, hasta el mes de marzo. Cuando llegábamos, papá y yo cumplíamos con el sagrado rito de ir a cortar un pino para armar nuestro árbol de Navidad. Nos internábamos en los desiertos bosques de pinos y, luego de mucho recorrer, elegíamos el más hermoso. Luego con la ayuda de mi madre yo me encargaba de decorarlo en casa.

En marzo, y ya cuando las vacaciones llegaban a su fin, la aventura era salir con mi padre a recoger piñas para la chimenea.

> A buscar piñas con Aitana para encender la lumbre, verlas consumirse en la chimenea ahora que ya los días empiezan a ser fríos. El bosque con el ventarrón de la otra tarde, se ha empedrado de ellas. Las hay grandes, secas, color ceniza de cigarro, abiertas ya y livianas como si el sol y el ai-

re les hubiera arrebatado el peso; marrones, duras apretadas, y verdes todavía, de un verde con barniz que pega entre los dedos un aroma a aguarrás, a sala de restauración del Museo del Prado. Llevamos una colcha ligera, que tendemos en un claro del pinar, separándonos luego lentamente, entregados ya a la tarea de encontrarlas. Aitana, con sus ocho años, llena de líneas y colores su preciosa imaginación de pintora, desaparece totalmente entre los finos troncos de unos pinos más jóvenes, gritándome, feliz, a cada piña que va echando dentro del hoyo de su falda. Cuando pasa algún tiempo y ya sus gritos se distancian hasta no oírse, trayéndome el silencio la idea de estar solo, llamándola a silbidos o a voces voy, despacio, caminando en su busca. Olvidada, abstraída, de rodillas sobre la pinocha recién caída del otoño, descubro a Aitana contemplando el difícil castillo de piñas que ella se ha construido, coronado en su torre por una extraña flor del médano parecida a una orquídea.

Nuestras vacaciones en Punta del Este sufrieron también los avatares de la política en el Río de la Plata. A comienzos de la década del cincuenta y luego de que el entonces presidente argentino Juan Domingo Perón cerró las fronteras con Uruguay, nosotros no pudimos viajar a Punta del Este. Recuerdo aquella Navidad como la más triste de mi infancia. No hubo ese año la aventura en el bosque para cortar el pino navideño. Tuve que conformarme con un árbol artificial que mi padre compró en Buenos Aires para consolarme.

Este año, el pino verdadero de los bosques fue sustituido por uno pobre, de papel oscuro, comprado en la cacharrería de la esquina. Aitana, al principio con cierta mal disimulada pena, salió conmigo a buscarlo. Ya no eran los médanos rizados, por los que cruzaba de pronto el rayo de una liebre, ni el bosque profundo por el que nos internábamos, sigilosos, con alma de cazadores furtivos, en procura del más armónico arbolillo. Ahora eran las calles, de nombres feos y estrépitos peores, no el manso silabeo de la arboleda unido a la palabra del mar, ni, a la noche, el azul estrellado sobre el alepo y el eucalipto conmovidos de aires navideños.

Creo que aquella Navidad de 1951 y pese a tener sólo diez años, comencé a entender el dolor que para mis padres significaba vivir lejos de España. Yo ese año había perdido mi paraíso encantado: Punta del Este. Comenzaron entonces a cobrar sentido para mí los versos que una noche le escuché decir a mi padre en La Gallarda y que él mismo había escrito:

> Cuando al entrar en casa miro al cielo y buscando nostálgico la Osa Mayor de mi hemisferio Norte, me surge, de un agujero negro de la Vía Láctea, la geometría perfecta de la Cruz del Sur, recuerdo que mi vida corre ya muchos años bajo la noche austral de América, lejos muy lejos de los cielos de España.

Durante más de dos horas Elsa, Jorge y don Rafael mantuvieron un encuentro, aquella tarde fresca de abril de 1992, en el que los silencios que se producían decían mucho más que las palabras que pronunciaba el ilustre visitante. Don Rafael llevaba entonces con mucho garbo sobre su estampa sus 90 años. Sólo cuando la emoción finalmente le ganó la partida y las lágrimas brotaron de sus ojos, mientras mantenía fija la mirada en los leños que se consumían en la chimenea de la sala, su figura majestuosa se transformó en la de un anciano que necesitaba de una mano amiga que lo consolara.

Para reconfortarlo, Elsa tomó de un rincón de la biblioteca dos viejos y gruesos libros encuadernados en cuero. Ella misma, actual dueña de La Gallarda, cuidaba esas reliquias literarias con una devoción infinita, tal vez pensando que algún día se las entregaría a la legendaria e inesperada visita de esa tarde.

—Le pertenecen a usted, don Rafael —dijo—. Sus autores fueron dos grandes amigos suyos y se los dedicaron.

Don Rafael abrió el primero. Era un libro de poemas, y leyó: «Al marinero en tierra, que sueña con reencontrarse algún día con la

Osa Mayor de su andaluza Santa María, Pablo Neruda, Punta del Este, 1944». Luego con manos temblorosas y conmovido por la emoción abrió el segundo libro. Eran obras de teatro «Para Rafael, un pintor tocado por los dioses y un Dios de la poesía. Con el cariño de siempre, Federico García Lorca, Madrid, 1935».

*Leonor Uriburu y Tezanos Pinto de Anchorena*

# «Las cosas no son para siempre...»

Ya tenía puesta la ropa de dormir después de un baño reparador con agua bien caliente. La ventana de su habitación daba a la parte delantera de la casa, igual que las tres restantes de los otros dormitorios. Un aroma a jazmines le llegó desde el jardín. Lo reconoció enseguida, fresco e inocente como una invitación a la que no se le dice que no. Se asomó. Respiró hondo hasta llenar los pulmones. Vio las estrellas en la noche oscura y, abajo, el azul más claro del mar, divididos los dos azules en algún punto lejano del horizonte. Había algunas luces a lo largo de la orilla: pescadores con sus linternas en busca de algo para su red. Y otras luces, muy pocas, coloradas y blancas, moviéndose sobre el agua: un puñado de veleros amarrados. Todo en su sitio. Era pacífico y tranquilizador. El haz de una poderosa linterna barrió la orilla. Quizá los pescadores regresaban, cansados ya.

Ella lo entendía todo. No necesitaba que nadie le explicara. Desde su privilegiado punto de vista lo veía todo, lo captaba todo. Pero ellos, los que estaban lejos... ¿qué podían saber? ¿Qué tan lejos habían llegado? ¿Dónde habían estado antes? Ella ya no tenía miedo. Sabía distinguir lo fugaz y lo pasajero de lo que perdura. También sabía contar cuánto había de lo primero y qué poco de lo segundo. Y junto al mar había aprendido a escuchar en la noche. La noche tiene todas las lágrimas, todas las risas. Y todas las estrellas le caben en el mismo puño, el izquierdo. El que late con el corazón.

Tuvo sed. Se acercó a la mesa de noche, encontró el botón de la campanilla en el mismo sitio donde había estado antes. Lo pulsó y oyó en la noche el sonido agudo. Esperó unos minutos. Nada. No hubo pasos en la escalera. Se acercó a la puerta del dormitorio y la abrió:

—Llamé porque tengo sed.

No hubo respuesta.

—¿Nadie oye, acaso?

Todo en silencio, parecía no haber otra persona que ella despierta en la casa, su cuarto en la penumbra del velador, la tenue luz escapando por la ventana. Pensó que las mucamas y la cocinera seguramente dormían y, en secreto, las maldijo. ¿En quién se puede confiar?, se preguntó. Aun así se sintió segura: era la casa, su casa en medio del bosque, la mancha verde del Cantegril que cambiaba de tonos a lo largo del año, como variaba de color tantas veces a lo largo de un mismo día. Ella también había cambiado mucho y, al mismo tiempo, seguía siendo la misma.

Si se lo proponía, podía hablar horas y horas para contar su vida. Era vieja. Muy vieja ahora. Y era tan hermosa como desde su primera hora en el mundo. Se asomó de nuevo por la ventana y le pareció que los movimientos que percibía eran nada comparados con lo que a ella le había ocurrido en tantos años. Se dio cuenta de que no había abandonado el acento remilgado porque, para su sorpresa, empezó a hablar. En tercera persona. Como si hablara de otra persona. Como si ella no fuera Leonor Uriburu y Tezanos Pinto de Anchorena, sino alguien parecido, alguien que tuvo la misma vida de fantasía que ella tuvo. Alguien que acompañó los cambios que trajo el siglo. Que vivió aceptando pero sin terminar de comprender los nuevos signos que le llegaron con los hijos, los nietos y los bisnietos. Y que, como un largo atardecer, vio el lento y elegante crepúsculo de los suyos, atrapados por los nuevos valores de una sociedad donde la distinción había dejado de ser tal ante el paisaje de igualdad que penetraba por sus ojos claros.

En todo eso pensaba esa noche de sed en Punta del Este, en la casa a la que había llegado como una pionera casi, cuando el bosque era bosque y el viento, ese temible viento que había emboscado centenares de barcos a fines del siglo pasado, amaba la costa con la pasión que destroza y soplaba desparramando una sensación de peligro que a ella sólo conseguía divertirla, tan segura de que nada de lo suyo podría perderse, de tan sólido y resistente.

Porque ella se sabía distinta. Porque así como hay gente que cuenta: mi primera casa era grande, luego me mudé a otro sitio, y así, ella podría decir que parte de su vida transcurrió —rodeada de mucamos y gobernantas— en dos palacios que despertaban asombro, que frecuentaban los más ricos, los más exquisitos, sólo los elegidos. Dos palacios tan maravillosos que hoy son residencias oficiales de los gobiernos de la Argentina y del Uruguay.

No. La vida de Leonor no había sido igual a la de las demás personas. Había transcurrido en lugares que aún hoy despiertan la admiración de los otros. Y ella era parte de esa admiración genuina. Un sentimiento que la hacía sentir diferente, invulnerable.

Apenas casada con Emilio Evaristo Anchorena (1880–1916), residió en la fantástica casa que la familia de su marido poseía en la plaza San Martín, en Buenos Aires. Un edificio de original diseño, construido por el arquitecto Alejandro Christophersen y que, entre otras excentricidades, poseía un túnel usado como bodega, con paredes giratorias y con una caja de hierro dotada con una combinación tan hermética que nadie pudo abrir.

Se accede al palacio luego de cruzar una enorme reja. Desde allí se ven dos enormes escalinatas que llevan a los salones interiores y que abrazan un patio de honor con una fuente. El edificio es conocido como Palacio Anchorena y hoy es la sede que la Cancillería argentina destina para recibir a visitantes ilustres del país.

Leonor, que fue una de las primeras de la familia Anchorena en tener una casa en Punta del Este, vivió la primera etapa de su vida de casada en el palacio, con sus hijos: Emilio, Leonor María Mercedes, María Mercedes y José Evaristo. Otros dos murieron de chicos: Amalia y Juan Nicolás.

También frecuentó la estancia La Barra, o Palacio Anchorena, que hoy es residencia presidencial del Uruguay —luego de que su cuñado, Aarón Anchorena, decidiera donársela en vida al gobierno del vecino país.

De amables ojos claros, pasó su vida entre Europa y la Argentina, entre sus estancias y los centros de esquí de los Alpes. Entre las fiestas de la aristocracia porteña y los banquetes de la nobleza europea, con la que se trataba como una más. Tomando champán, visitando los hipódromos en cuyas pistas solían correr caballos de su familia, probándose las alhajas que ennoblecían su cuello y le quitaban toda sombra, haciéndolo brillar como un cairel.

Sin rebeldías, cumplió uno a uno los ritos que su pertenencia respetaba, incluido el de la mansa piedad, el de la cabeza doblegada ante la cruz y el del discreto silencio.

Sólo que le gustaba el mar. Y ésa fue la principal razón que la llevó a figurar entre las primeras damas de Punta del Este, una de las personas que apostó con una gran mansión a perdurar en aquella villa que surgía como un faro entre los médanos de arenas tan rebeldes como mansa era ella.

Así, con esa contradicción y como tantos otros porteños *bien*, Leonor llegó a Punta del Este. Pero, a diferencia de muchos cuya fortuna iba en ascenso y a quienes el futuro prometía más y más, su derrotero siguió la ley de otros aristócratas pampeanos y aterrizó en la península en una etapa descendente: cuando su fortuna y la de los suyos no eran ya sino un pálido reflejo de lo que habían sido.

## *El estilo de un clan*

Llamado de la sangre al fin, con más o menos fortuna, un Anchorena tiene su estilo hasta el final. Y, en su proporción, Punta del Este posee las huellas del paso de su clan, así como Buenos Aires o Colonia tienen las de épocas mejores. Sin llegar, claro, a los extremos en que las pasiones, creencias, deseos y venganzas de los suyos y los de su clase se manifestaban en derroches pocas veces vistos. Y si bien no siempre fue así, justo es reconocer que en algunas oportunidades esos brotes sanguíneos tuvieron derivaciones de inusual provecho. Como, por ejemplo, la historia que afirma que la construcción del característico edificio Kavanagh, en la ciudad de Buenos Aires, no fue otra cosa que la consecuencia de una disputa entre Aarón Anchorena y la señora Cora Kavanagh.

Según la historia que aún hoy rueda, las cosas resultaron así: la madre de Aarón Anchorena era María Mercedes Castellanos de la Iglesia, condesa pontificia y dama de la Rosa de Oro. Llamada a la beneficencia según los usos de fin de siglo, esta mujer que concebía la propiedad y el dinero bajo el amparo de un sesgo moral, dispuso y financió la construcción de la iglesia del Santísimo Sacramento, en las barrancas de la plaza San Martín. Con ese entorno de jardines y plantas, sus torres y cuidada arquitectura se convirtieron pronto en uno de los lugares atractivos de la ciudad, elegido por las mejores familias para sus casamientos y bautismos.

Hubo algo más. Mercedes Castellanos, como luego también Leonor, residía en el ala derecha del palacio. Desde esa ubicación, sólo le bastaba asomarse por la ventana para ver la iglesia que había hecho construir, el homenaje de su mano a la religión.

La otra parte de la historia cuenta que, con su fortuna, simpatía y apariencia, Aarón Anchorena fue durante muchísimos años uno de los *playboys* más disputados de Buenos Aires. Y que de esas disputas surgió un enfrentamiento con la señora Cora Kavanagh, quien, como revancha, decidió disponer y financiar la construcción de un edificio... justo delante de la iglesia que había hecho edificar la madre de Aarón.

El templo quedó prácticamente oculto por el enorme edificio. Es que para su represalia, Cora Kavanagh no escatimó hormigón ni se anduvo con chiquitas: durante muchos años, la construcción que lleva su apellido fue la más alta de la Argentina, premiada —además— con distinciones arquitectónicas y declarada recientemente patrimonio histórico del país.

Eran otros tiempos, claro, para traducir pasiones —de la tierra o del cielo— en ladrillos y cemento.

Diferente fue el paso de estos Anchorena por Punta del Este. Y menos estruendoso, por cierto. Es que, a partir de la década del cincuenta, no tenían ya la costumbre, las ganas ni —seguramente— las posibilidades financieras de exteriorizar su paso con semejante estruendo.

Como dijimos, una de las primeras en tener su casa en la villa fue Leonor Uriburu y Tezanos Pinto de Anchorena, hija política de la adusta María Mercedes Castellano. Fue también cuñada del *dandy* Aarón Anchorena, de cuyo hermano quedó viuda cuando era todavía muy joven, dolor del que —como correspondía— intentó sobreponerse con una larga estadía en Europa.

Son sus huellas las que seguiremos en la península, como testimonio de un tiempo dorado que ya fue y que, con el correr de los años, sigue brillando como un pasado de esplendor perdido.

Su destello reflejaba también el que proyectaba Aarón Anchorena desde el fastuoso paisaje de la estancia de La Barra y la vida privilegiada que allí tuvo.

## *Leonor Uriburu de Anchorena*

Leonor Uriburu de Anchorena fue una mujer a la que le tocó vivir cosas tan intensas y desgarradoras como su belleza.

Femeninamente perverso el rostro de esta delgadísima mujer, que trajo al mundo seis hijos. Y que salieron de su cuerpo quebradizo limpiamente, sin dejar huella. Exenta casi de curvas, ella fue diferente desde que sus padres le vieron la cara de armoniosos rasgos y boca delgada, el mentón partido al medio por un extraño hoyuelo que se convirtió en el sello de su sonrisa, cada vez que pudo ser feliz.

Y su vida prometía. La coreografía de hábitos y costumbres de la gran burguesía argentina paladeó uno de sus mejores juegos sociales cuando se anunció que la bella Leonor —educada para amar y ser esposa— se casaba con Emilio Evaristo Anchorena. Dos familias, los Anchorena y los Uriburu, se entrelazaban para honra de sus muchos ancestros y brillo de la descendencia en la que esperaban prolongar y asegurar la hereditaria condición que los hacía precisamente eso: distinguidos del resto de los mortales.

Llegaron los viajes, los hijos —tres varones y tres mujeres— y la placentera vida en el palacio San Martín. Como en toda Argentina a su manera, suavizados allí los alaridos de la Primera Guerra Mundial entre las alfombras orientales y la tapicería de Flandes, la lectura de novelas románticas, los cuadros, una nota musical en un piano, un dibujo, los vestidos. Pero si desde estas tierras el primer conflicto que el siglo le jugaba a Occidente se vivía de lejos y a través de los diarios, su fría tragedia alcanzó directamente el pecho de Leonor de la manera más impensada.

Llamado por su vocación, el médico personal de su joven marido partía hacia Europa para curar a los heridos. Se lo despedía como a un héroe y fue en esos festejos de cremas y de champán que el drama empezó a tejer su manto oscuro. Cuando el médico en el que confiaba como un amigo tenía ya un pie en el barco con el que cruzaría el océano, Emilio comenzó a sentir horribles dolores. No quiso que nadie lo tocara: sólo su médico.

—No puedo esperar. Tengo que irme. Hay miles de personas muriendo en Europa —dijo el viajero, al ver que el cuadro de su enfermo no terminaba de evolucionar.

—Entonces operáme primero y andáte después —dijo Emilio doblado de dolor.

—No sé todavía si es apendicitis. Hay que esperar —insistió el otro.

—Perdés el tiempo. Y tiempo es lo que no hay. Me operás ya mismo y terminamos con esto —insistió Emilio.

Leonor escuchó sin decir palabra la premura con que los dos

hombres hablaban. Y perdió de verdad la noción del tiempo que tanto había apremiado cuando súbitamente su angustia cambió de signo: las cosas se agravaron y, a los 36 años, el apuesto Emilio murió de una absurda apendicitis.

Eso la convirtió en viuda. Era doloroso pero, aun con sus días de amargura, la vida seguía y ella podría haberse recuperado. Era joven, el menor de sus hijos tenía un año y la mayor once. Pero siguieron los golpes: cuatro años después, la enfermedad quitaba lentamente la alegría al vivaz Juancito, el quinto de sus hijos. Tras una agonía que lo fue apagando como a una lámpara, sin remedio, el chiquillo murió a los ocho años. Ese dolor no tuvo nombre. Y las ventanas del palacio se cerraron al sol que brillaba en la plaza San Martín.

Como un rifle a repetición que apuntaba al centro de la joven mujer nacida para brillar, siguieron los pesares. Para escaparles, Leonor hizo lo que muchos de su clase: pidió que le prepararan las valijas, dejó el palacio y se fue a Europa. Por mucho tiempo, sólo se supo de ella a través de postales despachadas desde capitales y centros de esquí. Viajó cargando su fortuna en alhajas, mirando cómo cambiaba su rostro en el espejo de su *nécessaire:* una cantidad de piezas de carey marcadas todas con un monograma en forma de rubí, sus tres iniciales —L. A. U.— estampadas en oro, donde la A de Anchorena era la letra más grande.

La familia se le había reducido. Leonor no escapó a los severos hábitos que la costumbre imponía para la educación de los hombres del clan y, dolores aparte, ni bien terminó la guerra le pareció lo más natural del mundo que su descendencia estudiara en Europa.

Era lo que se esperaba de ella como madre. Y, además, Leonor tenía un hermano en Londres: José Evaristo Uriburu y Tezanos Pinto, designado en 1921 ministro plenipotenciario de la Argentina en Gran Bretaña, cargo que ocupó hasta 1927, en que la legación se elevó al rango de embajada. Y a partir de ese año hasta 1931 fue embajador en ese país. Podría haberlo visto todo. Incluso la comida que en 1928 le prodigaron a su diplomático hermano en el May Fair Hotel de Londres, en la que no faltaron ni el príncipe de Gales ni Churchill ni sus célebres habanos.

En esa época en que la aristocracia ganadera argentina ocupaba formalmente responsabilidades políticas, las cosas tarde o temprano se juntaban. Fue a través de este diplomático Uriburu que los Anchorena se emparentaron con los Roca. En 1903 José Evaristo Uriburu (h) se casó con Agustina Roca Funes, hija del general Roca, el personaje político más importante de la Argentina de fin de siglo.

Con todos estos antecedentes, podría pensarse que corrían torrentes de savia política por las venas de Leonor. Pero todo esto a ella parecía importarle muy poco. Hija de la tercera generación de Anchorena en la Argentina, una época de expansión ganadera, ella fue cuarta generación, coincidente con la posterior aparición de las masas y el movimiento obrero encarnado por Juan Perón.

Sí entendía eso: que las cosas cambiaban sin remedio y que su mundo perdía sustancia, como el anillo de oro que pierde metal con el roce de los siglos. Lejos de Europa, el país vivía en estado de efervescencia con la semilla de un peronismo igualatorio que germinaba y amenazaba la distinción, rasgo saliente de su clase. Aburrida, ajena al implacable ruido de la política, para Leonor los cambios habían empezado antes, de una manera doméstica. Menos abarcadora pero igualmente sintomática, tuvo sus primeras manifestaciones pocos años después de que regresara de su larga estadía en Europa, cuando la crisis del 30 apuró la decisión de la familia de deshacerse del palacio de Arenales 761, la fastuosa casona que había sido construida para siempre y que, sin embargo, no pudo ser suya toda la vida.

Los discursos carecían de sentido pero las cosas que se podían tocar y sostener sí lo tenían. Y cuando sujetó en sus suaves manos el catálogo que se editó en 1936 para el remate del mobiliario del palacio y vio uno a uno, expuestos como en vidriera, los objetos que habían protegido su intimidad por años, sintió otra vez que algo se le quebraba entre el pecho y la espalda, como cuando había muerto Emilio. Ahí estaban a la vista de cualquier intruso las cosas que ella había acariciado en ese palacio por el que caminaba grácil, como si volara. «Caminás como una suave brisa. Sin hacer daño», le habían dicho. Y ahí estaban las cosas que habían sido suyas. Todas, pero sin su olor. El cambio seguía su ritmo y no era como la brisa: la estaba lastimando y ella no podía hacer nada. Ese idioma la aburría.

Y poco importó que hubiese frecuentado la Casa Rosada durante los tres años que su padre, José Evaristo Uriburu, fue presidente del país, entre 1895 y 1898, cuando tuvo que completar el período constitucional tras la renuncia de Luis Sáenz Peña, a quien había secundado en los tres años previos como vicepresidente. Tampoco contaba el interminable desfile de figuras políticas que había visto tras los cortinados de su casa. Ni la calamidad que los suyos aseguraban que amenazaba al país como una plaga bíblica. Ella se ponía al margen hasta de la escasa participación en las cosas públicas que por entonces se les permitía a las mujeres.

Se excluía también de la escasa cuota que sí era bien vista, la del banquete con sentido político. Ese pequeño papel político que llevó a otras integrantes del clan familiar a expresar su antiperonismo en comidas de agasajo a uno de los antagonistas por excelencia del régimen naciente: el embajador de los Estados Unidos, Spruille Braden, y a las que sí asistió, en cambio, su cuñada, Zelmira Paz de Anchorena, la mujer de Aarón, que descendía de los fundadores del opositor diario *La Prensa.*

¿Los hijos? Tras su fastuoso casamiento en París —ríos de champán corriendo entre los nobles invitados— con el español Manuel Falcó Osorio Gutiérrez de los Ríos y Álvarez de Toledo, duque de Fernán Núñez y Grande de España, su hija María Mercedes pasaba más tiempo en Europa que en la Argentina.

De pronto, Leonor se sintió cansada. Se sentó en el sofá de su elegante casa de la calle Castex, que había comprado en el corazón de Barrio Parque tras la venta del palacio de plaza San Martín. Y rezó. Había que hacer algo por aquello que no se entendía.

## *Aarón Félix Martín Anchorena (1877)*

Ese mismo día, a los 70 años, Aarón Anchorena pensaba en los espíritus que parecían haberse adueñado del país del que tanto había hablado en su juventud con el fallecido presidente Roca. Aquella época dorada en que comprendía, prosperaba despreocupadamente y el futuro parecía claro y previsible, como la luz que cada mañana entraba por la ventana y se posaba sobre la suave seda que abrigaba su cama, en el dormitorio de La Barra, la estancia del Uruguay a la que no iba con toda la frecuencia que deseaba. Porque tampoco podía negarse a los viajes ni a frecuentar los ambientes en los que había articulado las relaciones de toda su vida.

Ahora despertaba a menudo por la noche. A veces escuchaba el ruido de la lluvia. Eran leves y caprichosos chaparrones. En ocasiones era el canto de los grillos. Pero siempre, siempre era ese nuevo murmullo, ese ruido que nunca en su vida había oído. Un raro sonido que hacía crujir al país, cambiándole la forma. Una extraña luna de faz tenebrosa apuntaba un halo sobre los suyos, y él sentía el peligro sin comprenderlo: los ojos le decían que no había luna. El sol brillaba y él sentía el calor sobre su viejo cuerpo. Su cuerpo ya no era el mismo. Su fortuna tampoco: había gastado mucho. La Argentina no era la misma. Entonces: ¿cómo podría protegerse? En aquella mañana buscó resguardo en el pasado. Recorrió silenciosamente los días. El comienzo, cuarenta años atrás: aquella Navidad de 1907 en que bajó del cielo con su globo *Pampero* para posarse en La Barra de San Juan, a 25 kilómetros de Colonia del Sacramento. No fue poca cosa. Aquel afortunado gesto se catapultó a proeza en los diarios de Buenos Aires. Los relatos tuvieron un efecto multiplicador, como la ficha del dominó que arrastra a la otra, y Aarón se convirtió en el primer miembro de la familia Anchorena que introdujo a su oligárquico círculo en la práctica de actividades deportivas, elevadas al extremo de nueva religión. Como la piedad de rosario rezado que llevó a su madre a construir la iglesia del Santísimo Sacramento.

Días disipados, la obsesión de su juventud fue la conquista del aire. Y, para que nadie lo olvidara nunca, un año después de aquel exitoso aterrizaje en la margen oriental, comenzó a construir el castillo, que pronto ganó celebridad de fábula en ambos lados del Plata.

Tenía todo lo que se podía soñar: casi 10 000 hectáreas, el castillo, la vista sobre el río, la cancha de golf, los bosques y parques por los que pacían los ciervos especialmente traídos de Europa. Los visitantes que desfilaban todos los días, su yate —el crucero *Pampa*— para llegar cómodo desde Buenos Aires y atracar en su propio puerto, bajo las barrancas que servían de base al espectacular casco. La torre de piedra, con el faro que nunca le dejaron encender. Las fiestas. Las mujeres. Los amigos. Aarón había nacido tocado por una varita de cristal.

Los brillos más o menos efímeros. Y el aburrimiento más absoluto frente a cualquier cosa que implicara un negocio. Pero la fortuna se iba y él mismo empezaba a preguntarse por lo que vendría. No era el único. Antes de que él experimentara cierta inquietud, ya había habido entre los más jóvenes de su clan quienes habían sentido en su espíritu el cosquilleo de la incertidumbre, del temor a la falta de dinero, tan novedoso entre los suyos como frecuente para muchos otros. La inseguridad buscó una respuesta:

—¿La Barra será para mí? —le preguntó más de una vez un rostro joven. Tieso, suave, casi inmóvil, sin un gesto ni pizca de malicia, mirando fijo con la claridad celeste con que miraban los ojos de la quinta generación. Era la media hora que sigue al atardecer. La media hora rosada, en que nada se mueve.

Aarón se quedó mirando. No hay orgullo ni malicia en el rostro de quien pregunta. Pura curiosidad.

Puede que él no haya dicho nada. Porque algo se movió entonces en la quietud de la tarde. Se encendió un candelabro de numerosos caireles. Aarón se fue con el gesto y vio contra la pared la sombra de un mayordomo con una bandeja, antes de poder ver al hombre de carne, hueso y chaquetilla blanca.

—Su champán, señor.

—Alcánceme otra copa. Hoy tomo en compañía —dijo mientras pensaba: «Todo lo que hemos hecho, algún día se pagará».

Los de su familia tienen antecedentes de ser longevos. Aarón murió el 24 de febrero de 1965, a los 92 años.

El relato dice que su sepelio en La Barra, donde había pedido ser enterrado, fue impresionante. Fue en la capilla de la estancia, y de allí lo llevaron hasta el pie de la torre, donde había preparado una cripta con el escudo familiar tallado en piedra clara.

Suele pasar en los funerales del fasto: no todo era piedad entre los deudos que llevaban las flores. Hubo entre ellos, naturalmente, quienes se preguntaban en esa misma tarde qué parte recibirían de aquel lugar de magia y rosados ocasos. La duda se mantuvo sólo hasta el momento en que el escribano abrió el sobre y se supo la verdad: la estancia había sido legada al gobierno uruguayo.

Llegaron entonces gentes extrañas que murmuraron. «No quiso dejársela a ninguno de sus herederos», dijeron las lenguas maliciosas. «En realidad, tenía devoción por la tierra uruguaya», contraatacaron los más benévolos. Entre los herederos de quien en su momento fue uno de los hombres de mayor fortuna en la Argentina, se decían otras cosas. Se decía que había llegado al final con muchas deudas, sumamente comprometido por una vida vivida a lo grande. Un ritmo al que le atribuían la venta del palacio San Martín.

Esto y muchas otras cosas decían por el placer de hablar de quienes son distintos. O por despecho. O por admiración. Y quienes esto sentían desmentían todo y recordaban la cantidad de cosas que

Aarón había legado, y mencionaban con orgullo su decisión de entregar a la Dirección de Parques Nacionales la fantástica isla Victoria, en el lago Nahuel Huapí, en Bariloche. De ahí que el sitio tenga un amarradero llamado Puerto Anchorena, cuyo origen desconocen quienes hoy llegan de todo el mundo para invertir millones de dólares en el creciente negocio turístico.

¿Qué había quedado entonces de la que fue la enorme fortuna de Aarón?

El sepelio terminó, se apagaron las luces y un peón cerró uno a uno los pesados postigones del formidable casco Tudor.

## *Quinta generación*

Era el turno de la quinta generación. De los sobrinos y de los hijos.

El país vibraba con una nueva forma de política. Los años violentos, un enfrentamiento que se expresaba en terrorismo. Otros valores asomaban en la sociedad y el filo de una revolución amenazaba en la garganta la tradición de que habían hecho culto los Anchorena. El arquetipo social que representaban seguía siendo, por supuesto, una leyenda alimentada en el secreto y la discreción con que se movieron los de su clan. El apellido imponía por sí mismo. Eso era lo claro y evidente. Lo demás era un verdadero misterio.

Ése fue el momento en que llegaron a Punta del Este.

Aarón ya había visitado el lugar muchas veces. Y Leonor quiso quedarse. Le gustó. Le atrajo el mar. Ese bosque que parecía bosque. Las noches con todos los ruidos que ella había aprendido a escuchar. Se sintió bien.

Y, como muchos otros, quizá también pensó que en ese pequeño país podría encontrar refugio contra la ola extraña que día tras día arreciaba sobre la Argentina, cambiándole su paisaje político, sus gustos, su gente. Esa ola que no comprendía y que volvía extraño aquello que había sido cotidiano para sus ojos celestes.

—Buenas tardes. Tengo algo que ofrecerle —dijo Mauricio Litman, mientras extendía sobre la mesa unos planos que mostraban un bosque cercano al mar, convirtiéndose lentamente en urbanización.

—¿De quién son las tierras?

—Yo soy el que las vende. ¿Le interesa?

Así fue como supo del proyecto del Cantegril en Punta del Este.

Alguien le dijo a la espalda:

—No lo dudes. Comprá. Acá te sentirás bien y podrás ser feliz.

Ella, que tenía que ganarle a la pena para poder sonreír otra vez, escuchó y compró varios terrenos. Uno, el más lindo, sería para su casa.

Eran los años de La Fragata, aquel galpón de madera adonde los jóvenes se escapaban a bailar y que temblaba entero con el peso de los cuerpos contorsionándose.

—Cuidado, de ahí se cuentan cosas raras, le dijo alguien.

—No tengo idea. Yo ni sé dónde queda —dijo. Y no mentía. No era ése su mundo ni el de los de su generación.

Leonor se movía entre sus amigos. Era la época en que la gente se reunía para comer en El Mejillón, que nunca cerraba. Que jugaba en el casino del Nogaró. Los tiempos en que muchos probaban suerte en Punta del Este, instalaban un negocio y, sin saber muy bien por qué, se fundían a los pocos meses: no era fácil interpretar el gusto y el tono de ese mundo aristocrático que se instalaba en la península. Un mundo que le escapaba a lo uniforme, a lo multitudinario, a lo ruidoso. Un mundo que se divertía por la noche con códigos propios, a veces crueles para los que no estaban iniciados. Y que durante el día convivía casi en intimidad con una naturaleza díscola, pura. Resistente a los intentos civilizadores que la acosaban en forma creciente. Estar allí era volver a la esencia.

Le gustó.

Eran otros tiempos en los que la diversión del verano no desesperaba por quedar reflejada en las revistas de moda. Acostumbrada al estilo de quienes movieron las cosas desde atrás, desde los hilos, sin estruendo, esta Anchorena plantó sus raíces en la península sin que muchos lo supieran. Como para quedar olvidada, como para que nadie siguiera su paso elegante y discreto.

En la avenida Cantegril, frente al cine que lleva el mismo nombre, queda la casa en que volvió a contarse la historia del ocaso: de la mayor fortuna del país al remate para seguir viviendo. Y entre uno y otro extremo, una vida de brillo. De tirar manteca al techo. Pero entre los suyos, sin hacer olas. Sin agitar. La diversión es privada, el grito fácil es para otros. El escándalo, si puede evitarse, mejor. Ésa fue su forma de caminar por la vida: que nadie lo sepa.

Sobria, la casa que guarda la historia está protegida por un portón de madera. Luego está el parque y, sobre el promontorio, un chalé blanco con techo oscuro. Dos pisos y, en el superior, cuatro ventanas abovedadas que se elevan sobre el techo. Una reminiscencia de casco de estancia en la galería de madera que avanza sobre el jardín y en el enorme ventanal que mira hacia el parque.

Como se dijo al principio de esta historia, eran cuatro ventanas y en una de ellas había luz. Era un dormitorio. Una mujer avanzó hacia la puerta, la abrió a la oscuridad y pareció esperar algo que no se produjo. Luego se volvió, caminó hacia la mesa de luz y tomó de allí un vaso de agua que descansaba sobre un plato. Lo miró a trasluz, lo estudió y probó un poco, mojándose apenas los labios.

—Sí, es agua —dijo.

Y se la bebió.

La casa seguía en silencio. Una casa edificada para una familia, para ser habitada por muchos. Una casa para durar. Y cuando uno escucha los relatos de quienes la hicieron construir, el asombro escapa y no comprende. Parece inexplicable cómo se pudo esfumar una fortuna entera. Una fortuna que trajo tigres de bengala a la estancia de La Barra, que financió safaris por todo el mundo. Aventuras, viajes, estadías y fiestas en Europa en la época en que ver a un príncipe era todo un rito y no simplemente el recurso de quien abre una revista de chismes y descubre al rey de España en *shorts* y transpirado, corriendo una regata. O el pecho de una princesa que se broncea en *topless* en la playa, precisamente para que los fotógrafos la encuentren.

Es que, heredera del mismo viento, la casa de Punta del Este no pudo escapar al vendaval que se llevó todo mientras la manteca saltaba al techo.

Si la península tiene atardeceres que hacen historia, no pudo haber mejor geografía para contar el ocaso de esta abundancia. Una parábola que se repitió como un molde en parte de la aristocracia argentina después del primer cuarto del siglo que está por terminar. Es un fenómeno que los sociólogos todavía tratan de explicar y que la historia contó ya de distintas maneras. Algunas más fidedignas. Otras no tanto. Sin la pretensión de ninguno de los dos extremos, éste es sólo un relato basado en algunos documentos y mucho testimonio oral.

Volviendo a la fantástica casa del Cantegril. La que se construyó con nobleza, usando sólo los mejores materiales. Una casa para durar, como concibieron los Anchorena todas las casas que fueron suyas. Pero Leonor llegó a habitarla en contadas ocasiones. Pocas, pero inolvidables por cierto. Pronto hubo que venderla. De hecho, cambió ya otras dos veces de mano. Pero nunca hubo tristeza entre los protagonistas de esta historia. Tanto allí como en otros lugares que fueron suyos, vivieron a lo grande, felices, respirando todo el aire. Porque, aunque a veces parezca, las cosas no son para siempre.

*Luis Alberto de Herrera*

# «La última casa del pago»

Todos en Punta del Este sabían cuando llegaba el caudillo blanco. La noticia corría de boca en boca y a las pocas horas de que el doctor Luis Alberto de Herrera hubiera arribado a la casa de verano de su única hija, Hortensia, las personalidades y los personajes que vivían todo el año en la península se hacían presentes en El Cangrejito para rendirle tributo. A comienzos de los cincuenta Herrera era ya una figura legendaria que se había ganado un lugar destacado en la historia uruguaya. Tenía entonces 77 años y llevaba casi seis décadas entregadas por completo a la política. Hacía más de cuarenta años que lideraba el Partido Blanco o Nacional en un país democrático gobernado por el Partido Colorado y en el que sus habitantes no conocían otras divisiones que las de ser colorados o blancos.

El primero en presentar sus saludos era Anfusso, el boticario del pueblo y diputado por el departamento de Maldonado. Anfusso, colorado y batllista de la lista 14, llegaba hasta el chalé del líder de la oposición en su enorme Cadillac blanco, descapotable y último modelo. Estacionaba en la polvorienta calle 8 y, portando en sus manos un frasco de agua de colonia inglesa, cuidadosamente envuelto en papel de seda, que obsequiaba cada verano al veterano dirigente del Partido Blanco, le daba su bienvenida.

Poco después aparecía el gallego Pombeiro, el zapatero remendón del lugar. Pombeiro, un hombre pequeñito y de marcadas cejas, había llegado al Uruguay siendo un niño, en los albores del siglo. Se había instalado en la península al poco tiempo de que el pueblo Ituzaingó pasara a llamarse oficialmente Punta del Este, allá por 1907. Junto a su esposa, Josefa, también gallega, vivía en una modesta casita de lata, a escasos metros del faro. Allí en la habitación principal tenía su taller. Trajeado con sus mejores galas domingueras, Pombeiro, que no votaba pero que era un seguidor incondicional de Herrera, llegaba todos los años hasta El Cangrejito con una botella de licor de café. «Aquí le traigo, dotor, el licor que le preparó especialmente para usted la Josefa. Espero que sea de su agrado», decía, a lo que Herrera, tras agradecerle y palmearle la espalda, comentaba: «Seguro que sabrá como siempre». Pombeiro nunca supo que el licor que su mujer hacía era, para su líder, intomable. Asimismo, había quedado demostrado que quien osara beberlo, aunque fuera una copita, se arriesgaba a sufrir al día siguiente un formidable ataque al hígado. En una oportunidad doña Hortensia vació la botella de licor de café en la pileta de la cocina. Sorprendida comprobó que el líquido había dejado una mancha marrón que sólo desapareció luego de varios días y a fuerza de pulidor.

A las visitas de Anfusso y Pombeiro se sucedían las de los caudillos blancos del pago. Nadie quería dejar de saludar a aquel hombre que era ya un mito y al que respondían y admiraban casi la mitad de los orientales. Su hija estaba acostumbrada. Conocía perfectamente lo que era la vida de un líder político. La casa del doctor Herrera en Montevideo era desde siempre un centro de reunión permanente de políticos. Mientras vivió la esposa de Herrera, Margarita Uriarte, una mujer de fortuna y de un agudo sentido de observación, las reuniones se celebraban de noche, luego de la cena. A la hora de los postres siempre aparecía alguien en el gran comedor de la vieja casona con una noticia o con alguna consulta para formularle al caudillo. Misia Margarita, mientras bordaba *petit point* en la otra punta de la mesa, escuchaba y opinaba. Tenía un gran sentido común y su palabra era siempre oportuna. Los domingos, las reuniones se celebraban a la hora del té y los participantes eran generalmente diplomáticos. A la muerte, en 1943, de la esposa de Herrera, el orden que imponía la dueña de casa desapareció. Desde entonces, nadie pasó nunca más llaves a la puerta principal de la vieja casona, por lo que los visitantes se presentaban a cualquier hora.

Con estos antecedentes, doña Hortensia sabía que, mientras su padre estuviera en El Cangrejito, la paz y la tranquilidad del hogar veraniego se verían alteradas. Sus nietos, Luis Alberto e Inés, por entonces dos niños de ocho y cuatro años respectivamente, se sentían felices. A la felicidad que para ellos significaban los largos veraneos en Punta del Este se sumaba entonces, y aunque fuera por pocos días, la presencia de un abuelo atípico y divertido que, en Montevideo, veían más en las fotografías de los diarios y en los noticieros del cine que en persona.

El Cangrejito era entonces la casa más austral de Punta del Este y, según solía decir el doctor Herrera, el lugar donde «se contemplan los atardeceres más hermosos del mundo». Pese a haber pertenecido siempre a Hortensia Herrera de Lacalle, y a ser el caudillo blanco un visitante de lujo que sólo la habitaba una semana en verano, todos la conocían como «la casa de Herrera». A tal punto se asociaba el chalé con el dirigente político, que las bañaderas con turistas, que recorrían la península en aquellos años y que llevaban en su techo un altoparlante, a través del cual un guía iba describiendo el paisaje, al llegar al lugar anunciaban: «A la derecha, la casa del doctor Herrera y la isla Gorriti». Por su parte, los habitantes de El Cangrejito fueron siempre conocidos por su parentesco con el caudillo nacionalista. Doña Hortensia era la hija de Herrera; su esposo, Carlos Lacalle, el yerno de Herrera, y los hijos de ambos, los nietos de Herrera. Este sello se convirtió a la muerte del caudillo en una pesada herencia para su nieto cuando comenzó a hacer sus primeras armas en la política. Dentro y fuera del Partido Nacional, Luis Alberto Lacalle tuvo que conquistar a comienzos de los años setenta su propio espacio, para que la gente y sus correligionarios lo llamaran y reconocieran por su nombre y no como el nieto de Herrera. Con el transcurso de los años y a medida que Lacalle fue ganando posiciones políticas, doña Hortensia y su hija Inés pasaron a ser denominadas respectivamente como la madre y la hermana, primero del senador Lacalle y, años más tarde, del presidente Lacalle.

Ubicada en la calle 8 y la 2 de la península, El Cangrejito fue construida a principios de la década del cuarenta por el arquitecto uruguayo Jorge Herrán. No obstante, el terreno era desde 1925 propiedad de Hortensia de Herrera. La hija del caudillo blanco se lo había comprado al vasco Iturria, que años más tarde fundó el conocido restaurante Mariskonea. Sin embargo, de alguna manera los Herrera estaban relacionados con Punta del Este desde mediados del siglo XIX. En efecto, el doctor Herrera estaba vinculado familiarmente con el inglés Samuel Fischer Lafone, casado con la argentina María de Quevedo. Fischer Lafone, junto a Alejandro Ross Lafone, compró en 1843 toda la península y la isla Gorriti, al tiempo que obtuvo durante varios años la explotación de la isla de Lobos.

El amplio terreno sobre el que se edificó El Cangrejito era, como la mayoría de los del lugar, ondulado. Desde su pequeña cima, mirando hacia el oeste, se contemplaba la isla Gorriti y, en el horizonte, la cadena de sierras que se despliegan desde Punta Ballena hasta el Pan de Azúcar. En la ladera oeste de la elevación, un banco de cemento, construido quién sabe por quién y cuándo, era la platea elegida por las jóvenes parejas de enamorados para asistir al mejor espectáculo de todas las temporadas en Punta del Este: el atardecer. Hacia el sur, el mar verde y transparente se ofrecía entonces en toda su inmensidad, sin obstáculos, a los ojos de quien quisiera contemplarlo. No existía por aquellos años la rambla que hoy circunvala la península, por lo que el terruño tenía como límites las rocas y el mar. El silencio reinaba en la zona. Entre las rocas que daban al sur sobrevivía una suerte de piscina natural, que fue parte de una salina que funcionó a comienzos del siglo XIX. De ahí que el lugar fuera conocido durante mucho tiempo como Las Salinas. Allí Herrera y su nieto pasaban largos ratos jugando a hacer sapitos en el agua, con las piedras alisadas por el mar, que por entonces abundaban en la zona.

La casa que a pedido de doña Hortensia construyó el arquitecto Herrán era un típico chalé de los años cuarenta. Techo de tejas a dos aguas, que la dueña de casa hizo pintar de negro, ya que el presupuesto asignado a la obra no alcanzó para colocar tejuelas de pizarra, paredes exteriores de ladrillo visto, amplios ventanales protegidos por postigones de madera y el infaltable porche. Aprovechando la ondulación del terreno, Herrán edificó el garaje y las dependencias de servicio en una suerte de subsuelo natural. Y encima, la casa. Ésta contaba entonces con una sala amplia, que miraba hacia el oeste, dos dormitorios, orientados hacia el este, un baño y la cocina. Afuera se plantó gramilla hasta donde las rocas y los cantos rodados lo permitieron.

El Cangrejito fue equipada como la mayoría de las casas de veraneo de los uruguayos en aquellos tiempos: con los muebles y enseres que sobraban en el domicilio de la ciudad. Siguiendo esta regla, doña Hortensia colocó en la sala unos antiguos sillones que pertenecieron al doctor Herrera y que formaron parte del escritorio de la barraca que el caudillo tuvo en Montevideo a principios de siglo, en su fugaz y poco exitosa incursión como comerciante. Estos sillones fueron previamente restaurados y retapizados con una tela que, como no podía ser de otra manera, tenía los colores del Partido Nacional: estrellas azules dibujadas sobre un fondo blanco. Las sillas del comedor eran de la misma procedencia. La mesa fue comprada en la tradicional mueblería Caviglia de Montevideo. Caviglia envió por tren el mueble especialmente embalado, pero éste llegó a destino una semana antes de que los habitantes de El Cangrejito se instalaran ese verano en la península. Durante siete días el envío quedó en el jardín del chalé, a la vista de quien pasara por el lugar. En la Punta del Este de hace medio siglo, a nadie se le hubiera ocurrido llevarse algo que no le pertenecía.

Herrera acostumbraba anunciar sus visitas a la península con unos días de antelación. Para ello enviaba a su hija una carta por correo en la que hacía gala de su reconocido sentido del humor. En el sobre escribía: «Señora Hortensia Herrera de Lacalle. La última casa del pago. Punta del Este». Así, sin dirección, las cartas llegaban a su destino. Jamás se perdían.

Una vez anunciada la llegada del veterano político, su hija aprovisionaba la despensa de El Cangrejito con varios frascos del único vicio que tenía su padre: el dulce de leche. Herrera era un hombre que no fumaba, no bebía y comía muy frugalmente. Sus almuerzos y sus cenas se componían, casi invariablemente, de un plato de sopa de arroz, un pequeño churrasco y el infaltable dulce de leche. A veces rompía su rutina gastronómica y disfrutaba de un pastel de carne con puré de papas al que le agregaba azúcar. Pero el dulce de leche, que comía directamente del frasco y con tenedor, era para él un manjar insustituible y tal vez una fuente de energía que su cuerpo le reclamaba. En el último cajón de la derecha del escritorio de su quinta en Montevideo había siempre un frasco de dulce a medio comer y al que recurría permanentemente, como el fumador al cigarrillo. Sus amigos y partidarios sabían de su vicio y le llevaban siempre de regalo enormes frascos del criollo postre. El 22 de julio, día de su cumpleaños, llegaba a la casa de Herrera de obsequio, proveniente de los lugares más cercanos y remotos del Uruguay, la variedad más grande de dulce de leche jamás vista en el Río de la Plata. Ese día los frascos y potes de todos los tamaños, con dulce de leche oscuro, claro, con chuño, con chocolate, espeso o líquido y en cuadraditos, aparecían por todas partes en la vieja casa de la entonces avenida Larrañaga de Montevideo.

Una vez instalado en El Cangrejito, el veterano caudillo, como única concesión al veraneo, cambiaba sus trajes oscuros por un saco de hilo blanco. Sin embargo, no abandonaba jamás la corbata y el cuello de mica. Nunca iba a la playa. En aquella época y tal vez por pudor, los hombres de su edad no solían hacer playa. Realizaba sí largas caminatas por la costa. Pasaba además horas solo sentado en el porche del chalé mirando el mar o escribiendo sus editoriales para su diario, *El Debate*. ¿Qué estrategia estaría pensando aquel hombre, casi anciano, que desde su primera juventud soñaba y luchaba por llevar al poder a su partido en un país que en las últimas nueve décadas gobernaban los colorados? Los soliloquios del viejo caudillo eran interrumpidos por sus nietos, a quienes Herrera llamaba cariñosamente Perico Pérez y Cuca. Los pequeños como ráfagas irrumpían en el porche, luego de la merienda, convocados por una costumbre que el abuelo les había inculcado: intentar descubrir el rayo verde en los maravillosos crepúsculos de Punta del Este. Acomodados sobre las rodillas del veterano caudillo, Perico Pérez y Cuca apostaban todas las tardes a que en el atardecer de ese día sí verían el rayo verde. A la derecha se sentaba doña Hortensia. Y todos, en silencio, permanecían absortos, contemplando cómo el sol se alineaba en el horizonte con el mar hasta desaparecer. El doctor Herrera experimentaba entonces esa extraña sensación de éxtasis y tristeza que suele dejar el crepúsculo en el alma de quien lo contempla y que lleva a pensar que un día más se ha ido y quién sabe si mañana habrá otro.

El hábito de contemplar los atardeceres desde El Cangrejito se transformó en un necesidad para todos sus habitantes. Luego de que los niños crecieron y aun después de la muerte del viejo caudillo, doña Hortensia, Perico Pérez y Cuca se encontraban siempre a la caída del sol en el porche del chalé. «No puedo explicarlo», afirma hoy Inés, pero «cuando evoco los veranos en El Cangrejito, lo primero que viene a mi memoria son los atardeceres». La nieta del líder blanco, que hoy está casada y tiene tres hijos adolescentes, comenta: «Hasta 1968 en que veraneamos en aquella casa, mamá, mi hermano y yo nos reuníamos sistemáticamente para contemplar el crepúsculo. No era algo que planificáramos, simplemente allí estábamos. Y si por alguna razón no acudía, sentía que a ese día le había faltado algo».

## *Un Punta del Este de cuento*

A comienzos de los cincuenta Punta del Este mantenía las costumbres y características entrañables de los pequeños pueblos y villas perdidas del interior uruguayo o de las provincias argentinas. El pan tibio y crocante de la panadería Plus Ultra era repartido en una jardinera tirada por un caballo. Muy temprano en la mañana, el panadero paraba su carro en el jardín de El Cangrejito y bajaba con un enorme canasto de paja, prolijamente cubierto por un paño de tela blanco inmaculado, debajo del cual abundaban flautas, catalanes y medialunas. Poco después llegaba Cabrera, el lechero, conduciendo su propio carro. Directamente de un tacho de metal, servía la espumosa y gorda leche en unas jarras que nadie sabía a ciencia cierta qué capacidad tenían. Un par de horas antes, Cabrera había obtenido él mismo la leche del ordeñe de sus vacas, que pastaban en unos terrenos de los alrededores del faro. También por las mañanas aparecía Sandalio, el jardinero. Con su hablar pausado de buen criollo, cuidaba con gran devoción las flores que doña Hortensia plantaba al inicio de cada temporada en los alrededores de El Cangrejito, y que los vientos huracanados se encargaban de arrancar sistemáticamente al caer el otoño.

También andaba siempre en la zona don Máximo, el cuidador, en invierno, de muchos de los chalés de la península. Don Máximo vivía muy cerca de lo del gallego Pombeiro, en una modesta casa a cuyos fondos plantaba maíz. Era un hombre muy querido por todos. Sabía ganarse además la simpatía de los niños y adolescentes de la península. Hacía la vista gorda cuando éstos robaban de su maizal las hojas para armar y fumar los primeros cigarrillos hechos con barba de choclo. Don Máximo era además el encargado de realizar los trabajos de mantenimiento que las casas de la península requerían cada año. Aunque hubo cosas que siempre se resistieron a sus habilidosas manos, como los faroles de hierro que pendían de las paredes exteriores de El Cangrejito. Todos los años doña Hortensia se veía obligada a cambiarlos, porque el viento y el salitre los destruían como si fueran de papel. También el aire del mar se ensañaba con las paredes de la casa, carcomiendo el material que unía los ladrillos de la fachada del chalé.

Dos veces a la semana llegaba el vendedor de hielo. En los primeros tiempos en un carro tirado por caballos, y años más tarde en una vieja camioneta Ford A que cuando apareció por primera vez constituyó todo un alarde de modernidad. La fábrica de hielo quedaba en aquellos tiempos en la parada 2 de la Mansa. El repartidor iba casa por casa dejando las barras, en tiempos en que las heladeras eran casi inexistentes en la península. El hielero tomaba las enormes barras envueltas en tela de arpillera, hacía una marca con una rasqueta y luego con un martillo le daba un fuerte golpe, partiendo el trozo que entregaba al cliente. El pedazo de hielo se cubría entonces con papel de diario, supuestamente para que durara más tiempo, y se colocaba en un caja hermética.

Por aquellos años la ONDA, la compañía de ómnibus que realizaba los viajes entre Montevideo y Punta del Este, llevaba a los pasajeros en la península hasta la puerta de sus casas. Pedrito se llamaba el guarda. «¿A qué hora lo pasamos a buscar el lunes, don Carlos?», preguntaba Pedrito los viernes al yerno del doctor Herrera, luego que el chofer detuviera el ómnibus para que el pasajero descendiera. «A las ocho, como siempre», respondía Lacalle. Años más tarde, cuando en El Cangrejito instalaron el teléfono, doña Hortensia llamaba hasta la oficina de la ONDA ubicada en la calle Gorlero y acordaba la hora en la que pasarían a buscarla al día siguiente para viajar a la capital.

## *Un casa con disciplina y humor inglés*

Herrera era un hombre que por tradición familiar había sido formado bajo los severos preceptos de la cultura británica y de la religión anglicana, pese a que su padre, Juan José de Herrera, se había recibido de abogado en París. Su madre, Manuela Quevedo, le hacía leer todas las noches, antes de acostarse, pasajes en inglés de la Biblia protestante. Y los domingos marchaba con todos sus hijos hasta el Templo Inglés de la Ciudad Vieja de Montevideo. Esta formación fue decisiva y fundamental en el caudillo blanco. El líder nacionalista solía recordar que su madre, «con imperturbable tenacidad, me daba ella misma lecciones de inglés hasta conseguir meter dentro de este criollito un inglés que, aunque no parezca, ahí está enclavado en las ideas y rigiéndolas: firmes, probas, tranquilas y reguladas por la razón». Este sello británico fue el que guió también la educación de su hija Hortensia y la de la generación posterior, la de sus nietos. Doña Hortensia llamaba a su padre *father* y entre ellos hablaban casi siempre en inglés. Por su parte, el viejo político disfrutaba poniendo permanentemente a prueba el inglés de Perico Pérez y de Cuca. Los niños accedían gustosos a los interrogatorios o *tests* a los que eran sometidos, porque siempre en ellos se encerraba algún cuento o una historia. Además, Luis Alberto e Inés preferían los diálogos divertidos y cargados de bromas con el abuelo que las lecciones de gramática o conversación en inglés que doña Hortensia les daba todos los días a la hora de la siesta en El Cangrejito.

El *humour* de Herrera también quedaba en evidencia a la hora de comer en Punta del Este, cuando él, su hija y sus dos nietos se sentaban a la mesa. Inés cuenta que a su abuelo le encantaba jugar guerrillas de agua con ella y con su hermano. «Tomaba su tenedor, lo introducía en el vaso y luego nos salpicaba. A lo que por supuesto mi hermano y yo respondíamos de la misma manera. Hasta que mamá se ponía furiosa y nos retaba a todos.»

Su nieto, Luis Alberto, recuerda también que en una oportunidad llegó a la hora del almuerzo a El Cangrejito Alberto Puig, un íntimo amigo de Herrera. Puig, como el líder blanco, rondaba los 80 años de edad. «Abuelo le dio la bienvenida tirándole un vaso de agua en la cara. A lo que Puig contestó arrojándole otro vaso de agua. Aquél era un espectáculo impagable: dos viejos riéndose a carcajadas y jugando guerrillas de agua como niños en Carnaval. La compostura volvió a reinar cuando apareció mi madre y enojadísima les preguntó: ¿Son ustedes niños o han enloquecido?»

El humor y la picardía eran manejados por Herrera con una magistral habilidad a la hora de enfrentar a personas o situaciones que le desagradaban. El veterano político sabía que algunos de sus correligionarios y adversarios decían en los corrillos que estaba sordo y que chocheaba. No obstante, Herrera, que se encontraba efectivamente un poco sordo, se hacía el que no escuchaba y respondía, a veces, con aparentes incongruencias. Sin embargo, sus palabras eran inteligentes e irónicas respuestas o comentarios que dejaban muy mal parados a sus ocasionales interlocutores. En su quinta de Montevideo, considerada desde mediados de la década del treinta la segunda sede del poder político del país luego de la Casa de Gobierno, solía recibir a todo el mundo. En cierta ocasión la visita anunciada fue la de un señor Miller, representante del Departamento de Estado norteamericano que recaló en Montevideo para intentar involucrar al Uruguay en favor de la intervención de los Estados Unidos en la guerra de Corea. Miller, para dar más peso a sus argumentos, vinculaba la conflagración con el panamericanismo. A lo que Herrera, haciéndose el sordo, le replicó: «¿Cómo dice? ¿Que le van a dar la independencia a Puerto Rico?».

En otra oportunidad se presentó en su quinta el nuevo embajador argentino en Uruguay, Alfredo Palacios. Palacios había sido designado por el gobierno presidido por el general Pedro Eugenio Aramburu que en 1955 derrocó al general Juan Domingo Perón. Al llegar a Montevideo Palacios formuló declaraciones sobre la historia oriental que ofendieron a los nacionalistas. No obstante, luego de presentar sus cartas credenciales en Casa de Gobierno se dirigió a la quinta de Herrera. Al entrar en la vieja casona, Palacios creyó que el dueño de casa no lo había reconocido y levantando la voz dijo: «Soy el doctor Palacios, hijo de su antiguo amigo Aurelio Palacios». A lo que Herrera replicó: «¡No lo conozco!», y dándose media vuelta dejó plantado al novel embajador argentino.

En otra ocasión fue un diputado de su propio partido el que se apersonó en la quinta manejando un lujoso automóvil, que había importado junto a otros 21 legisladores más al amparo de una ley especial que otorgó beneficios a los integrantes del Parlamento. Al verlo llegar Herrera le dijo: «¡Ah!, usted es de los 22 de Lamas». El legislador creyó entonces que Herrera chocheaba. Pensó que lo había confundido con uno de sus legendarios compañeros de la revolución de 1897, en la que el caudillo nacionalista había participado junto al mítico revolucionario Diego Lamas. «De los 22 de Lamas Garrone», agregó el líder nacionalista, refiriéndose a la automotora que había importado los automóviles.

Herrera no concebía la función pública sino como una profesión de entero servicio a la ciudadanía. Su vida y la de su familia habían sido y eran un ejemplo en ese sentido. De origen patricio, Herrera y sus ancestros habían ido perdiendo su fortuna a medida que entregaban sus bienes para financiar las numerosas revoluciones que los blancos protagonizaron a lo largo del siglo XIX. En 1943 y en medio de una feroz campaña desatada por sus adversarios, que lo acusaban de nazi y fascista por su radical oposición a la instalación de bases militares norteamericanas en el Río de la Plata y por manifestarse partidario de la neutralidad uruguaya en la Segunda Guerra Mundial, el dirigente blanco manifestó: «No pertenecemos a ningún consorcio comercial, no tenemos acciones en ninguna sociedad anónima ni bancaria, no frecuentamos ninguna legación, nunca nos hemos ofrecido como cosas al mercantilismo de los poderosos, no formamos en ningún cortejo. ¡Nadie nos ha cortado las alas, no somos hombres de jaula!»

Años más tarde, en 1955, al ingresar como consejero de Gobierno en el entonces Poder Ejecutivo colegiado, el caudillo blanco entregó su declaración jurada de bienes en la que constaban: «la sexta parte de la casa en que vivía, un sexta parte de los solares del fondo de la misma quinta, vendidos a plazo, y un automóvil Ford modelo 37». Su patrimonio refrendaba sus dichos y su forma de vida. Nada le quedaba de los campos que alguna vez conformaron el gran patrimonio familiar.

### *«El mar era nuestro»*

Punta del Este era para el doctor Herrera el punto de encuentro con su hija y sus nietos. Reuniones que era casi imposible celebrar en Montevideo. Allí en El Cangrejito, luego de los primeros dos días en que terminaban de desfilar los seguidores y los correligionarios del caudillo, el abuelo dedicaba, con su personal estilo, gran parte de su tiempo a su hija y a sus nietos. El atardecer, el almuerzo y la cena eran los momentos de encuentro. Con su hija, a quien llamaba Nena, conversaba largamente en las sobremesas. Ambos se recomendaban libros, fundamentalmente de historia. El viejo caudillo leía permanentemente. Cuando un libro lo cautivaba se quedaba leyendo hasta que la luz del amanecer lo sorprendía. También en esas charlas doña Hortensia y su padre recordaban los largos viajes a Europa, que juntos y con misia Margarita habían hecho en las primeras décadas del siglo. Viajes que duraron meses y hasta años. En muy pocas oportunidades hablaban de política.

«Mientras vivió nunca tuve la real dimensión de aquel hombre», comenta hoy su nieto. «Para nosotros Herrera era un abuelo, algo diferente al de nuestros amigos, pero un abuelo al fin», y agrega: «Personalmente me di cuenta de que mi abuelo era algo más que mi abuelo en 1958, cuando el Partido Nacional llegó al poder, pero ya era demasiado tarde».

Lacalle recuerda que en Punta del Este su hermana y él se divertían mucho con Herrera. «Pero tampoco estábamos todo el tiempo jugando con él. Nuestras vacaciones en El Cangrejito comenzaban a fines de noviembre y terminaban en marzo. Tenían su propia dinámica. La presencia de abuelo agregaba una cuota de diversión y de cariño a nuestra felicidad por estar viviendo en la península. Allí fuimos siempre inmensamente libres, el mar era nuestro.»

Lacalle destaca que las estadías de Herrera en El Cangrejito no se prolongaban más de una semana, «porque creo que él se cansaba un poco de nosotros. Nos quería enormemente y se angustiaba muchísimo si algo nos pasaba, pero era una persona mayor que no estaba acostumbrada a convivir con dos niños inquietos».

## *La victoria final*

El doctor Herrera visitó por última vez El Cangrejito en el verano de 1957. Tenía entonces 84 años. Se sentía cansado, pero estaba a un paso de conquistar el sueño por el que había luchado durante toda su vida: el triunfo de los blancos. Pese a su edad y a que ya estaba enfermo, recorrió en 1958 por enésima vez el país. Sabía que ésa era su última campaña política. Una vez más, y como lo venía haciendo desde 1910, les pedía a los orientales que lo acompañaran con su voto.

Alfredo Testoni, un prestigioso artista plástico que por entonces se desempeñaba como jefe de fotógrafos de *El Debate*, recorrió el país junto al caudillo nacionalista y recuerda aquellos históricos días de esta manera:

> La campaña electoral del 58 por el interior del país fue una verdadera fiesta. Llegaba el ómnibus que transportaba al doctor Herrera y la gente vestida con sus mejores galas salía a recibirlo. A la entrada de los pequeños pueblos y de las ciudades los gauchos aguardaban en las cuchillas embanderados a caballo. Cuando divisaban el ómnibus galopaban hasta alcanzarlo para luego escoltarlo. Aquello parecía un acto revolucionario. Eran manifestaciones espontáneas que nunca más he vuelto a ver.

Herrera sabía que ésa era su última gira y su última elección. Durante los trayectos que separaban un pueblo de otro trataba de descansar y se sumergía en los recuerdos. De cada rincón del ondulado paisaje oriental parecía que extraía un recuerdo. Llevaba más de sesenta años recorriendo los caminos de la patria. Había debutado en política sumándose a la revolución blanca de 1897. Y nunca más se había detenido. Ahora había llegado la hora del triunfo. Pero la soñada victoria estaba casi a la misma distancia que su muerte. Herrera no lo ocultaba. Tal vez por eso, ya casi al término de la gira, en un discurso que pronunció en la ciudad de Mercedes ante una multitud que lo aclamaba, dijo:

> Puede ser que me salve la grandeza de la causa que en estos momentos encarnan ustedes. Lo demás, los intérpretes, somos poca cosa. A lo mejor nos lleva el viento que nos trajo para cobrar y castigar la vanidad humana que hace olvidar que todo lo que tenemos en las manos es cosa que puede llevar el viento...

El 30 de noviembre de 1958 los uruguayos concurrieron a las urnas y eligieron por primera vez en 93 años un gobierno blanco.

—¡El Partido Nacional ha ganado y hemos vivido para verlo! —dicen que manifestó esa noche el viejo caudillo a la multitud de correligionarios que se habían congregado en su quinta. En medio de la algarabía, uno de los presentes se refirió en muy duros términos al adversario derrotado, el ex presidente colorado Luis Batlle Berres.

—¡No! —exclamó Herrera—, ¡pobre hombre, la noche que estará pasando!

Obtenido el triunfo electoral comenzaron a resquebrajarse casi de inmediato las alianzas políticas que habían posibilitado la victoria nacionalista. Herrera, que curiosamente no había sido elegido para ocupar ningún cargo, era marginado por su propio partido a la hora de conformar el gobierno. ¿Ironías del destino o sarcasmos de la política?

El verano del 59 fue diferente también en El Cangrejito. Pese a que sus moradores trataban de no hablar del tema, era imposible evitarlo. Doña Hortensia no lograba conformarse. No podía entender cómo los propios correligionarios habían abandonado al hombre que gracias a la lucha de toda su vida había logrado que el Partido Nacional llegara al poder. Le preocupaba además la salud de su padre. Desde el triunfo electoral y sus inmediatas consecuencias, Herrera se había ido apagando. No obstante, era el propio caudillo quien le daba ánimo a su hija en largas y cariñosísimas cartas. Ese verano Herrera tampoco hizo su incursión por Punta del Este.

El 28 de febrero de 1959, un día antes de que asumiera el nuevo gobierno, Herrera abandonó su despacho del Palacio Estévez, donde hasta ese día y en un gobierno de mayoría colorada había ocupado, por decisión popular, un cargo en el Consejo de Gobierno. Se subió a su *voiturette* del año 37 y conduciendo, como era su costumbre, a contramano por la Plaza Independencia se dirigió a su vieja quinta. Allí una multitud lo aguardaba. Cansado y agobiado por la emoción pronunció su último discurso:

> Vuestra presencia avasallante en esta puerta siempre abierta de par en par a las cosas del sentimiento estremece hasta el cimiento el ser de su viejo morador. Yo comprendo, y vosotros me comprendéis, en unos y otros el inmutable anhelo de que sea por siempre esta identificación santa, ennoviados con el ideal. Devoción sin eclipse encendida cual luminaria en la ruta áspera que aparta del extravío. Y si por nuestra parte, en la función pública no lo hicimos mejor, la culpa recae en la propia mano, no en la intención, jamás manchada por la felonía... ¡Ciudadanos y amigos, dos veces hermanos: aquí, al aire libre, cual corresponde en vuestro honor, os extiendo mi gratitud ancha como mi pecho en esta suave puesta de sol, que es también para la patria como promesa y anuncio de días venturosos sin poniente!

El 8 de abril de 1959 el doctor Herrera falleció. Al día siguiente, una multitud acongojada, nunca vista hasta entonces en Montevideo, se volcó a las calles para despedir al hombre que había sido protagonista de la historia política del país en las últimas seis décadas. Al llegar a las puertas del Cementerio Central, doña Hortensia y su hija Inés se vieron atrapadas por la muchedumbre. Inútilmente intentaban abrirse paso para llegar hasta el panteón familiar donde iba a ser sepultado el caudillo blanco. En determinado momento alguien en la multitud reconoció a doña Hortensia y trató de ayudarla para que la gente se corriera y la dejara avanzar. «Por favor, déjenla pasar, es la hija del doctor Herrera», decía, hasta que un hombre de pueblo con el rostro curtido por el sol y pobremente vestido rompió el respetuoso silencio del lugar gritando a viva voz: «¡Qué hija ni hija: Herrera es nuestro!».

*Silvina Bullrich*

**«¡Ah, ya sé...!**
**Es la señora de la voz ronca,**
**la de la casa en Pinares...,**
**la escritora»**

«Ustedes, los Bullrich, son el *gratin* de la Argentina, ¿verdad?»

Silvina Bullrich escuchó ese comentario en Beaune, un pequeño pueblo de la Borgoña francesa, cuando tenía 36 años.

Por entonces, ya era una mujer casada —con ganas de divorciarse—, madre de un hijo e incipiente escritora. También por entonces se sentía como un volcán que no terminaba de entrar en erupción. Y jamás olvidó la pregunta que, en tierra tan lejana a la suya, actuó como una chispa más para el desagote de energía que sobrevendría tarde o temprano: Si era la sal de la tierra... ¿por qué no permitirse vivir como quería?

Ella era el tipo de persona que daba gracias por cada vez que veía salir el sol. Pero también consideraba que la vida tenía algún tipo de deuda particular con ella por el beneficio de contarla entre los mortales de la tierra. Una deuda que se cobraba viviendo, como todo en ella, desmesuradamente. Si algo irradiaba la protagonista de esta historia era personalidad.

Hay tres cosas llamadas a ocurrirles a quienes avanzan de ese modo por la vida. Una, que tengan muchos amigos. Dos, que tengan muchos enemigos. Tres, que jamás pasen inadvertidos. Silvina experimentó las tres en demasía. Y de eso saben mucho no sólo las crónicas sociales porteñas sino también quienes recuerdan sus estrepitosas estadías en Punta del Este, ciudad de la que se enamoró a finales de los sesenta, cuando todavía no había cumplido cincuenta años y ya había alcanzado el inconfesable sueño que pocos escritores llegan a vivir: no poder salir sin que la pararan por la calle para pedirle que estampara su autógrafo en cualquier papelito. El viento en su espalda le traía el murmullo que sólo sienten los famosos, el del hombre común que murmura: «¡Eh, mirá!: ésa es Silvina Bullrich».

Pero, ¿quién era esta rubia de ojos celestes, buena figura, que hablaba con una ronquera inconfundible, con la tonada de la gente *bien* de Buenos Aires y con esa seguridad tan frecuente en las mujeres maduras que saben que alguna vez fueron —y tal vez todavía— muy, pero muy bellas?

Su apellido formaba parte de la aristocracia ganadera rioplatense, pero por alguna extraña razón, ella repetía una y otra vez que su familia era completamente de asfalto y admiradora, como correspondía, de la cultura europea, en especial la de los escritores franceses. Había sido educada por institutrices y por donde se mirara se le notaba la buena cuna, aunque semejante esfuerzo formativo no la privó de la más fuerte sorpresa de su infancia, cuando le preguntó a su padre si era cierto que el lugar donde vivía era un país que se llamaba Argentina. «Pero, ¿cómo? ¿No estamos en Francia?», insistió, incrédula.

Superado el primer golpe, se fue metiendo en la vida con ansia de conquista. Había nacido quince años después de empezado el siglo que ahora está por terminar y, sin embargo, hizo muchas cosas que las mujeres de su época ni siquiera se atrevían a soñar, ignorando —según los casos— las convenciones de su cerrado círculo social, la desaprobación de la familia, las culpas, el remordimiento, el escándalo, la murmuración, la crítica, la envidia, la falta de dinero, la soledad, el dolor, el mareo del éxito y el desconocimiento de los mecanismos más elementales para desempeñarse en un mundo por entonces mucho más acostumbrado a los pantalones que a las polleras.

«Voy veinte años antes, entonces, me critican», decía. No era una mujercita fácil, peleaba con uñas y dientes y tenía un carácter endiablado. «Casi siempre me encontré con el piso enjabonado, pero yo sé moverme en pisos enjabonados», escribió en sus *Memorias*. Se casó, tuvo un hijo que se quedó con su madre cuando ella se divorció y se fue a Europa después de volverse a casar con Marcelo Dupont, un hombre que conoció en París y del que se enamoró locamente. Entre las fotos más queridas de Bullrich están las que figura posando junto a Dupont en las ruinas de la Acrópolis.

Cinematográficos los dos, él parece un hombre fuerte y bien plantado que le lleva más de una cabeza. Sin embargo, en esa pareja la fortaleza parecía ser más patrimonio de Silvina.

Dupont ocupaba el puesto de director en un laboratorio familiar, pero le decía que él no estaba preparado para trabajar en este mundo y que, en realidad, le interesaban otras cosas, como el teatro y la literatura. Bullrich lo protegió y lo quiso con pasión y hasta vendió un campo para mantener el laboratorio y el ritmo de vida que ambos llevaban, que incluía viajes, estadías en Europa, fiestas, teatro y buenas comidas. «Quiero que escribas. Si me casé con vos es porque no sos una hueca», la alentaba él. Dupont también dejó a su mujer y a sus hijos para unirse a Silvina: el escándalo era completo.

Como perseguida por una maldición, el segundo matrimonio duró apenas seis años. Dupont murió de cáncer y sólo mucho tiempo después Bullrich pudo contar la historia en uno de sus libros más conocidos: *Los pasajeros del jardín.*

Pero, antes de llegar a esa instancia —estamos a fines de los cincuenta—, viuda y sin luto, no se quedó en casa sino que, otra vez y para solaz de los que comentaban en los tés porteños, se fue a vivir sola a París. Escribía, publicaba, estaba sola y hacía lo que se le antojaba. Su hijo crecía en Buenos Aires. Su fama también.

Empezaban los sesenta y, molestos con tanto desatino, fue desairada hasta por los de su propia clase, que la corrieron del exclusivo Ocean Club de Playa Grande, en Mar del Plata, porque no había pagado la cuota de socia dos veranos consecutivos. Ella descubrió que no quería callarse y ése fue uno de los primeros estruendos de una larga lista.

Mucho tiempo después, en sus *Memorias,* dio su propio punto de vista sobre el desagradable asunto: «Fue un escándalo de una clase dirigente que no supo serlo y a la que se deben todos los males de nuestro país. Una oligarquía débil, incapaz de responderse entre sí, que trajo daños irreparables, dejó instaurarse gobiernos peronistas, consiguió que sus hijos se convirtieran en guerrilleros y que el peronismo, con Cámpora como presidente de la República, ganara en el Barrio Norte» en las elecciones de 1973.

Su fama de novelista crecía pareja con la de polemista. Avasalladora y soberbia, siempre estaba en algo. No en vano tuvo la astucia de ser una de las primeras en descubrir el impacto mediático para colocar un producto. En su caso, libros que, prolíficamente, se multiplicaban año tras año. Parecía correr una maratón contra la máquina de escribir. Y en favor del negocio editorial que alimentaba personalmente: su rostro estaba en la televisión; su voz ronca, en la radio; sus fotos, en las revistas; su figura, en los cócteles en los que bebía, hablaba y reía. Casi siempre demasiado. Una mujer sola, siempre rodeada de gente.

«Los dos aspectos de mi personalidad que mejor conoce el público de hoy son mis libros y mis viajes. Ambos se multiplican al ser yo una mujer libre», decía.

Obviamente, tenía un carácter del demonio. Era parte del histrionismo con el que interpretaba el papel de ser ella misma: «una mujer auténtica», se definía.

Cada reportaje solía incluir, al menos, una pelea con el periodista en cuestión, aunque luego se encargaba de decir que, tras haber contestado con impaciencia y por enésima vez preguntas cuyas respuestas ignoraba, volvía a quedarse sola y echarse a llorar. «Odio al periodismo... pero lo necesito para vender», confesaba. Había dos cosas que no olvidaba jamás: una, cobrar hasta el último centavo por su trabajo. Dos, a quienes le hacían un favor.

Ya no eran sólo los libros. Era ella misma la que se vendía como una marca. Hablaba y opinaba de todo. De política, de los militares, de los peronistas, de fútbol, del machismo, de la Iglesia, de la postergación de la mujer, del divorcio todavía no vigente en la Argentina, de los hijos que ignoraban a sus padres, de Borges —«ya cansa, siempre con las mismas repeticiones»—, de economía, del dólar, de los uruguayos, del Papa —«le pedimos ayuda en Malvinas y miren cómo terminó ayudando a Gran Bretaña»—, de las huelgas... La gente se indignaba y tomaba partido: quería matarla, hacerla callar a golpes o compartir con ella puntos de vista extravagantes. Ella se divertía cada vez más y, raro en una mujer de su generación, hizo francamente lo que quiso. «La estupidez es una de las condiciones humanas más difundidas y, junto con ella, va la incomprensión», decía.

## *Una casa entre los pinos*

Bien, ésta es la Silvina que se enamoró de Punta del Este. Una escritora discutida, viuda, sola, con un hijo con el que no tenía una relación fácil. Durante mucho tiempo, su condición de madre no parecía ser la que más la emocionaba. «Entre mi hijo y yo ha existido siempre una extraña incompatibilidad», escribió alguna vez. También admitió que jamás cambió pañales porque le daba «asco» y porque, después de todo, para eso pagaba institutrices. Era, indudablemente, una mujer fuera del molde.

Inagotable, pero presa fácil del cansancio, buscó un poco de paz en un pedazo de tierra y llegó a la península cuando, según sus propias palabras, la villa era todavía un poco agreste. Quedó encantada, aun cuando la relación entre Punta del Este y Bullrich empezó mal, francamente mal.

Su primer año lo pasó en un apartamentito de Parada 8. Enseguida palpó esa amistad de aldea que la anudó al lugar. Y la palpó bien en carne propia: estaba recorriendo, buscando una casa para instalarse, cuando, en una de ésas, la mordió un perro. Fue una herida seria. Su vecino de apartamento, un médico de apellido Ercole, se ocupó personalmente de atenderla, de llevarla hasta el hospital más próximo, de comprar hilo de sutura, de coserla y de ayudarla en su recuperación. La mujer de Ercole le llevaba la comida hasta que Silvina pudo valerse sola. Nunca lo olvidó.

«Hasta que empecé a venir aquí y compré esta casita, yo había vivido al margen del contacto con la tierra. Ahora, todo cambió. Y me encanta», dijo en 1974 a un periodista del diario uruguayo *El País*, que la persiguió por todo el balneario hasta que tropezó con ella donde menos lo hubiera imaginado: en un puesto de frutas. Allí la convenció, bolsa de duraznos en mano, de que le concediera un reportaje que tuvo que sortear, primero, los problemas de agenda de una persona en vacaciones que no quiere ser molestada.

Tal como la había vivido, su vida parecía intensa pero para nada sencilla. Y así, nada podía sugerir más sosiego que una casa de techos oscuros, escondida en un bosque de pinos y muy cerca de la playa. La casita de la que habla estaba —está todavía— en la parada 27 de la Mansa y, con sus dormitorios de amplias ventanas, la galería, el garaje, los pinos y las flores, era bastante más que una casita. Silvina la compró al contado y la bautizó con el título de uno de los libros que consideró entre sus mejores: *La creciente*, una suerte de sátira política publicada en 1967. El nombre se leía orgullosamente estampado sobre un cartel, en el jardín delantero, y bautizarla de ese modo fue casi un homenaje: uno de sus libros preferidos para uno de sus sitios preferidos.

Silvina siempre consideró a *La creciente* como un libro «espléndido, casi profético, que anunció todo lo que iba a ocurrir en la Argentina». A lo largo de 300 páginas, contaba cómo una plaga, simbolizada en una extraordinaria creciente del río, se adueñaba de un país con una clase dirigente adormilada, gobernantes ignorantes y un pueblo que prefería el camino más sencillo para vivir, incapaces todos ellos de comprender la maldición que se les venía encima. Sólo unos pocos habitantes de todo el conjunto comprendían lo que se avecinaba, pero sus advertencias eran sistemáticamente desoídas. Sin embargo, y pese a su preferencia, no fue uno de sus libros más vendidos, prueba de que no siempre el gusto del escritor y el de su público corren tan de la mano.

Aun así, el nombre de la casa remitía automáticamente a Bullrich. Pero salvo por ese nombre estampado en el cartel de madera de grandes letras pintadas, nada hacía pensar que en ese chalé perdido entre los pinos vivía ella, una mujer sin hombre y con un hijo, escritora de éxito, polemista.

Tanto así, que el periodista uruguayo que se la encontró en el cercano puesto de frutas de Maldonado no podía creer que quien hacía la compra a su lado era Silvina Bullrich, de quien muchos conocían ya la soberbia proverbial con que iba por el mundo. «Hago la vida de cualquier veraneante... A la mañana duermo hasta tarde, al mediodía voy a la playa, a primera hora de la tarde voy a La Terraza, a la nochecita duermo un poco y de noche nunca estoy, salgo a comer por ahí o tengo una mesa de póquer...»

La casa estaba rodeada por una docena de pinos, de jazmines del país, de laureles que florecían generosamente. Una galería revestida con piedras y cubierta por una enredadera sirvió de marco para una Virgen negra, la Moreneta, de Mallorca.

En su diálogo con el periodista, Silvina recordó:

—Sentí una gran emoción cuando vi su imagen al entrar en la iglesia del monasterio de Llouch, en Mallorca. Recuerdo que pensé: «¡Dios mío, qué difícil habrá sido su vida!». Entonces le pedí que curara la artrosis que ya me hacía caminar con renguera. Y empecé a mejorar...

Desde entonces, cada atardecer, la imagen de la Virgen negra formaba parte del paisaje que veía al volver de la playa.

### *Amiga de presidentes, jardineros, artistas...*

Cuando empezó a ir al Uruguay conoció la calidez del recibimiento de China Zorrilla, de su hermana y de Lilián Faget. Lamentaba que China viviera en Buenos Aires, «devorada por esa ballena que es nuestra inmensa ciudad, en la que siempre nos falta tiempo para vernos».

Desde ex presidentes a jardineros y mucamas, todos parecen tener un espacio en sus memorias de Punta del Este, el lugar que le daba sosiego a quien vivía en estado de tormenta y tiempo, tiempo para encontrarse con amigos a quienes parece reconocerles más que a su propia familia. «Conocer tanta gente valiosa me dio la medida de mi pequeñez. De no haber sido así, cualquiera de mis éxitos se me hubiera subido a la cabeza», escribió en sus *Memorias*, el libro que concibió como su propio retrato. Todos los años llegaba puntualmente en noviembre y trataba de quedarse hasta avanzado ya el otoño, cuando los residentes eran muy pocos y vivían como en una aldea solidaria.

Sus días en Pinares transcurrieron en la amistad más próxima de su vecina, Elenita Frondizi, hija del ex presidente argentino Arturo Frondizi, a quien también veía a menudo por allí. Al igual que casi todas sus amigas, la precedió en la muerte. En realidad, Elena Frondizi murió muy joven y eso afectó a relación de Silvina con el lugar.

Un poco más alejada de La Creciente, siempre tuvo reconocimiento especial para lo que definió como una «institución privada» llamada La Azotea. Se refería así a la mansión del ex presidente uruguayo Eduardo Víctor Haedo, que Silvina frecuentaba como si fuera su segundo hogar. Pero no era la única. La casa de los Haedo estaba siempre llena de gente; a veces, veinticuatro personas alrededor de la mesa. Y si llegaban más, se sentaban en los escalones, cerca de la parrilla, en las mecedoras, en los bancos del jardín. Dicen que Beatriz, la hija de Haedo, no perdía la compostura y ponía más tallarines a hervir.

Muchos rostros conocidos pasaban por la curiosa romería de La Azotea. Hubo comidas un poco más formales para Frondizi, para Marechal, para dirigentes del Partido Colorado, a pesar de que Haedo era blanco y de cierta simpatía peronista.

«En Punta del Este he recibido tantas muestras de afecto y de solidaridad... Trato, en lo posible, de quedarme un tiempo largo, sin regresar...», decía Silvina.

Se aferraba a las cosas simples. Sus diálogos con la mucama, el jardinero, el boletero del cine Pigalle a quien recuerda bajo el nombre de Voltaire y que, con ese nombre ilustre —créase o no—, era profesor de literatura en Rocha. Ese hombre, a quien presentó en un artículo del diario *La Nación*, era su amigo y su mejor crítico cinematográfico. Solía llamarlo por teléfono.

—¿Qué tal, Voltaire, lo que dan hoy?

—No es una película para usted, Silvina... Es sobre un partido de hockey. No le va a gustar.

—Y, entonces, ¿qué puedo ver?

—¿Tiene el diario allí?

—Sí.

—Léame la cartelera.

Y mientras ella leía, Voltaire comentaba del otro lado de la línea:

—No, ésa ya la vio aquí el año pasado... Esa otra es pésima... Sí, vaya a ver ésa, va a gustarle. Pero mañana, sin falta, la espero aquí; damos *Ifigenia*, no puede perderla. Es una maravilla...

Le creía. «Voltaire nunca se equivoca», decía.

Más delicada parecía ser su relación con el jardinero, según su propia definición, «un hombre *despacioso* —como dicen aquí—, orgulloso, al que no se puede conquistar ni con la promesa de un aumento de sueldo ni con reprimendas». López se llamaba el hombre, y el *exocet* que perforó su mal hábito de olvidarse del jardín de su patrona fue una carta en la que ella le recordaba que «un oriental no puede abandonar a su suerte a una mujer sola que trabaja todo el año para mantener este jardincito».

—Tiene razón, lo que pasa es que anduve tan atareado... —dice el hombre cuando reaparece con su camioncito y peones como para un parque de una hectárea.

Párrafos enteros le dedicó a su casera, Aurelia. «A veces ella y yo nos peleamos. Ella dice que se va, yo le digo que se vaya y al fin una abraza a la otra y ambas nos echamos a reír», sintetiza en una descripción de lo que suele ser, para muchos rioplatenses, la relación con el personal doméstico con el que se han compartido muchos años.

Pero en Silvina todo es desmesurado: la relación fraternal incluía al marido de la mucama, Canario Pérez. «Al atardecer, cuando viene buscar a su mujer, se sienta a mi lado en el porche y lo convido con un *whisky*. Conversamos de esto y de aquello hasta que ella termina con su trabajo y se va con él.»

Y, aun cuando el nombre no significaría nada para muchos, públicamente lamentó el fallecimiento de doña María, la dueña de Catari, uno de los restaurantes que frecuentaba, que murió durante el invierno de 1978 y de quien evocaba su conversación cordial y su «perdón» antes de sentarse a la mesa, luego de que se lo pidiera varias veces. Silvina vio en su deceso un extraño prenuncio del cambio que vendría. «En doña María —escribió— se cumplió la predicción de la llegada de la muerte cuando una persona anciana se ve obligada a mudarse de casa. La desalojaron hace un año para hacer una torre y ella murió, como corresponde. La torre aún no está empezada ni el antiguo restaurante está aún demolido, pero doña María se alejó de nosotros como ofendida. Y extraño sus cosas.»

### *Las torres, esas extrañas en la aldea*

No es sólo la evocación de la compañía perdida. Hay también una revelación del cambio que viene. Los ochenta estaban próximos y ella notaba la erupción de la nueva Punta del Este, del *boom* inmobiliario y de la expansión de la construcción y de los precios, con la llegada de capitales del exterior. A pasos agigantados, su aldea se recibía de gran ciudad.

«Las cosas están cambiando y la ingenuidad desaparece de aldeas mucho más alejadas que Maldonado, San Carlos y Rocha. ¿Cómo va a continuar aquí?», se preguntaba.

«El otro día vi una casita vieja, cuadrada, más bien fea, en las afueras de Maldonado, con el cartel de "Se vende". Le pregunté a la dueña, una señora de tez oscura, modestamente vestida, cuál era el precio. Me contestó, muy suelta de cuerpo: "Cuarenta mil dólares".»

«Todo el mundo sabe que, en estos días, el dólar vale en el Río de la Plata la mitad que en los Estados Unidos, y la gente parece creer que crece en los árboles o en la tierra, como los hongos, y que el que no lo tiene es porque no se da el trabajo de agacharse a recogerlo.»

Explica la transformación de la villa como una imposición del destino. «Todas las aldeas a orillas del mar han sido devoradas por la civilización, el progreso y las "torres"; esos monstruosos edificios a los que debemos someternos en la ciudad, pero fueron sorprendiendo a los habitantes del Mediterráneo y también a este lugar, llamado Punta del Este, que aún conserva los últimos vestigios de la aldea que amábamos.»

Y aun con sabor a pérdida, se aferra a esos vestigios con desesperación. Punta del Este es mucho más que un descanso para ella. «Por fortuna —escribió— me queda Mario Esteban [el hijo de la dueña del restaurante] que se va al otro lado y hay que protestar, gritar, amenazar con no volver más para que la deje pagar a una. Yo nunca pude hacerlo, pese a mis súplicas.»

Recuerda más barrio todavía. «En el Novillo Alegre, Sergio me regala una *brochette*, Cristina me besa. Cuando entro en la librería de Juan, siempre me ataca para hacerme engranar... Somos una familia pese a las innumerables torres que amenazan nuestra paz...»

Lo único que le reprochaba a la aldea era el madrugón para tomar el *ferry*: «Hay que estar en el puerto a las siete de la mañana».

La villa era su pequeño paraíso. «Creo que me iré a vivir allí algún día», dijo.

Nunca lo hizo.

En el verano de 1974 sonó su teléfono. Del otro lado estaba Jorge Ivanissevich, ministro —al que se le atribuyó cierta orientación nacionalsocialista— del complicado tercer gobierno de Perón en la Argentina. Ivanissevich, un cirujano de nota, le ofrecía formar parte del Directorio del Fondo Nacional de las Artes. Bullrich primero se negó. Una charla al atardecer la hizo reflexionar y ella, una descendiente de la aristocracia ganadera, terminó convirtiéndose en funcionaria del régimen. «Pero si vos entendés de literatura..., ¿por qué vas a decir que no?», dice que fue el argumento que la convenció. Muchos años después se explicaría: «El error mayor de los argentinos es abandonar el gobierno a los que piensan todos de la misma manera... Yo estuve dos años diciendo *me opongo* todo el tiempo».

## *Punta del Este en las novelas*

Punta del Este fue su lugar de ocio pero también de creación. De mucho trabajo, de mucho leer y de escribir, su vieja máquina siempre a cuestas.

Fruto de esa relación fueron tres libros ambientados en la costa oriental. Por orden de aparición: *Mañana digo basta*, *Mal don* y *Los despiadados*. De los tres, el más conflictivo fue *Mal don*, donde una historia con guerrilleros y subversivos llevó a que muchos —de uno y otro lado de la orilla— creyeran ver una toma de posición política donde sólo hubo una astuta e ingenua explotación del tema. *Los despiadados* integra el paquete de sus últimas novelas. «Una travesura», como ella misma confiesa.

Con ese excelente título —una frase tan a flor de labios—, *Mañana digo basta* transcurre en La Paloma, pero Bullrich quiso aludir, en realidad, a Punta del Este, y si lo ubicó en La Paloma fue sólo para evitar roces y problemas en un sitio que ya había elegido como segundo hogar. A todo esto, por aquel entonces La Paloma debía ser apenas un caserío. Tanto así, que el libro tuvo que incluir un mapa para ayudar al lector a ubicar geográficamente de qué se estaba hablando.

Fue su primera inspiración de Punta del Este y —casualidad o coincidencia...— narra la historia de una mujer madura, porteña, tan harta y cansada que quiere plantarlo todo para vivir el sueño de residir en una casa junto al mar. Y olvidarse. Una casa que compró contra la opinión de su propia familia, horrorizada con la sola mención de la idea. Ella sigue adelante con su plan, sólo que debe postergarlo una y otra vez, una y otra vez. Y en cada oportunidad se promete: «Basta, mañana digo basta».

Mucho más entrañable y más complejo, *Mal don* es un cuadro más exacto de lo que eran los inviernos en la villa de aquel entonces, cuando no había casino tipo Las Vegas, ni hoteles habilitados todos los santos días del año, ni barrios cerrados, ni aviones particulares que llegaban y se iban, ni mansiones inspiradas en las norteamericanas de Beverly Hills. Nada, sólo el frío viento. Y el mar. Y las casas como una colección de construcciones abandonadas.

—¿Qué le atrajo de Punta del Este para elegirla como escenario de la novela?

—El contraste de este lugar, que durante el verano hierve de gente. Y la soledad a la que queda abandonado durante el invierno, cuando el viento se adueña de la península y se pasea solitario por las casas que parecen olvidadas; uno o dos restaurantes que funcionan, los cines clausurados durante la semana, las calles casi desiertas.

»Por otro lado, el pueblo uruguayo. Una gente muy digna, muy sobre sí, muy difícil de llevar; con quienes hay que tener un cuidado bárbaro porque todo los ofende. Trabajan con uno, si lo quieren, y si no lo dejan, no importa lo que ganen.

»Tanto es así —dice Bullrich— que el personaje más dulce de *Mal don*, el de la abuela, está inspirado en la casera de La Creciente...

—¿Cómo fue? —se le preguntó alguna vez.

—En realidad, estuve a punto de dedicarle el libro. Pero luego cambié de idea, porque el público es muy ingenuo y piensa que todo lo que uno escribe es verdad. Me figuré que ese supuesto hijo guerrillero podría traerle complicaciones...

—¿Y qué pasó con *Mal don*?

—Me sorprendió. Es una obra donde no hay casi nada mío. Son tres personajes débiles (y yo no lo soy), que no saben bien lo que quieren, sin vocación, que eligen siempre el camino más fácil y por eso después les va mal.

—Paradójico, ¿no?

—Ya se sabe. No siempre el libro que más le gusta a uno es el que prefiere el público. *La creciente*, para mí, fue espléndido. Y ya ve... no fue de los más vendidos.

*Mal don* —un juego de palabras entre Maldonado y el mal don, por una mala mano en una partida de cartas— es una historia sobre la supuesta vida oculta en las casas de la península, cuando sus dueños se van, en el invierno, y quedan a merced de sus caseros. Historias secretas de amores prohibidos que encuentran un sitio donde refugiarse, de guerrilleros que se esconden, de cosas que desaparecen, de lujos que se prueban como quien paladea por primera vez un manjar inalcanzable, reservado siempre a otra boca.

Toda villa desierta tiene leyendas. Toda casa abandonada tiene su historia de fantasmas, que corre como un misterio, de viajero en viajero. Pero, aun así, es posible que el relato de *Mal don* se haya apoyado en una pequeña porción de verdad, en algo más que una de esas historias que trae el verano.

Sucede que, muy cerca de *La creciente*, en una calle tan de pedregullo y arena como la suya pero que corre de manera perpendicular, hay una pequeña casa de ladrillo visto y techo de teja colorada en el que sobresale la chimenea de un hogar. También está escondida entre los pinos. Muy escondida. Pero quien se asome por los postigones de madera, tan pesados como los de un viejo casco de estancia bonaerense, verá paredes blancas, saturadas por una extraña colección de cuadros, entre los que se repiten trabajos en la inspiración de los muralistas mexicanos. Y pocos muebles; los necesarios y nada más.

La casa se llama La Chosé. Y se dice que allí, de la mano de sus propietarios —gente que vivía más en Europa que en el país—, encontró resguardo durante un frío invierno setentista Raúl Sendic, líder del movimiento guerrillero Tupamaros, del Uruguay.

Pero es posible que, casi tan próxima como una vecina, Bullrich haya sabido de la historia. Y la haya tomado.

Es posible, también, que todo no sea más que una enorme coincidencia. Tan pero tan enorme como para demostrar lo pequeño que puede ser el mundo. A veces.

### *La Argentina vista desde la península. Y viceversa*

Pocas personas hablaron y escribieron tanto sobre la Punta del Este que despertaba como Bullrich. Fue una de las primeras cronistas sociales que tuvieron en el lugar los grandes diarios porteños. De hecho, bajo el título «Crónicas de mi aldea», escribió algunos ricos apuntes de verano para *La Nación*, diario con el que colaboraba frecuentemente.

De uno de esos apuntes es el imperdible diálogo que tuvo, en el verano de 1980, en plena fiebre inflacionaria, con Saader, el dueño de una librería y comercio de ramos generales de Gorlero.

—¿Sabe que el Banco de la Nación va a instalarse en Punta del Este? —le dijo Saader.

—Va a ser un fracaso, porque el *hobby* de los argentinos es el dinero negro —contestó ella, a los gritos y con su voz ronca.

Obviamente, estaba rodeada de argentinos cuando dijo eso. Y la cosa se prolongó. Uno de ellos, muy educado, la interrumpió:

—No siga, señora, no vaya a arrepentirse, porque yo soy el gerente del Banco de la Nación que abrirá el 17 de diciembre.

Silvina le agradeció su «atinada intromisión» y siguió:

—Señor gerente, no puedo desdecirme pues en los últimos cuarenta años los argentinos hemos hecho tantos menjunjes que ya no sabemos si nuestro dinero es blanco o negro.

Para entonces, la gente había formado ronda en torno de los polemistas. Pero la discusión no terminó allí, sino que siguió en el cóctel que esa misma tarde el Banco de la Nación daba en el hotel San Rafael para anunciar su llegada a la península. El Banco podía ser su anfitrión ese atardecer... pero Bullrich no iba a callar lo que pensaba mientras levantaba su copa de champán honrando al recién llegado.

### *Otra casa. Otro tiempo*

El tiempo pasó como transcurre en los sitios de verano, suave, alisando contornos. Lentamente, como se aleja un barco cuando se le suelta la amarra. Los espacios en ese chalé pequeño, que tuvo los ladrillos pintados de blanco y tejas coloradas, con muchas flores y un jardín muy verde al frente y al fondo, fueron siempre generosos. Fueron siempre amables. Casi tanto como solía ser la actitud de la gente sencilla que tenía como compañeros durante la larga estadía fuera de temporada.

—¡Ah, ya sé...! Usted es la señora de la casa en Pinares, la escritora... —le decían.

Ella esperaba que la identificaran por sus libros, por sus artículos, por sus ideas. No siempre era así con la gente de ese segundo hogar que era Maldonado. «¿Sabe cómo la reconocí? ¡Por la voz!», podían decirle en el mostrador de la telefónica donde, invariablemente, le solucionaban casi en el acto cualquier problema con el teléfono, un arma vital para su trabajo de cronista. Y no menos importante para una mujer que se quedaba sola en el bosque.

Sea por lo que fuere, la reconocían. Y se sentía querida en ese sitio que quedaba desierto cuando avanzaba el otoño. Pero Pinares le empezaba a resultar demasiado lejos y optó por mudarse a algún sitio un poco más acompañado. Así llegó a su segunda casa, La Bartola, sobre la avenida Francia, una casona de dos pisos, sólida y consistente, con grandes ventanas.

A diferencia de La Creciente, La Bartola ya había sido bautizada por sus primeros dueños y la habían llamado así porque decían que en Punta del Este querían descansar..., «tirarse a la bartola», como afirma el dicho popular. A Silvina le pareció gracioso pero incómodo: era un nombre que no tenía que ver con ella. «Yo no me tiro a la bartola jamás», memoró. Aun así, pudo más la superstición y nunca se lo cambió.

La vida de Bullrich en La Bartola fue de menos exposición que en La Creciente, el chalé que siempre tuvo un lugar en su recuerdo.

Hacía playa, por supuesto. Solía frecuentar las arenas cercanas al edificio La Vanguardia. También iba al club La Terraza. Iba al cine. Comía con amigos, visitaba a los libreros. Le escapaba a estar sola. «Yo sé lo que es la soledad. Es tener que ir sola a vender las alhajas de la familia», sintetizó una vez.

También leía mucho, por supuesto. En español y en francés. Su casa estaba llena de bibliotecas. «Mueble que hay, lo convierto en librero. Hasta las alacenas», se quejaba. Recordó especialmente una tarde de lluvia dedicada a la sola tarea de releer a Camus y su *L'Étranger* —en francés, naturalmente— y despacharse luego con una serie de reflexiones sobre la conducta de los hombres.

Cuando el mar está calmo en la Mansa, al atardecer, las olas suelen traer lentamente las cosas que antes se robó el mar. Con esa misma elegancia, Punta del Este tuvo la gracia de devolverle cosas que Silvina podía haber perdido irremediablemente. «He pasado aquí algunas temporadas con mi hijo y con su familia», escribió ya en la madurez, cuando volvió a hablar de un tema que años antes había esquivado o que, evidentemente, transitó con algún sentimiento de culpa. Por el hijo único. Por el divorcio. Por las despedidas. Por las múltiples formas de abandono que tiene quien pone como prioridad el trabajo, los viajes, la independencia.

Fue un reencuentro que tuvo que sortear mucha historia y que ella no procuró. Simplemente llegó, como una corriente de agua cálida. Dicho en sus propias palabras: «Como en la Argentina el sentido de la familia es profundo, en cuanto nos encontramos todos en Punta del Este, ociosos, sin obligaciones fijas, nos vemos a menudo y con alegría». Tan cuidadosa como quien vuelve a tejer un suéter descosido, Silvina tejió los lazos y cruzó el puente hacia una familia de sangre con la que, hasta entonces, había puesto la distancia que sus viajes y su trabajo le requirieron.

Tuvo por lo menos tres nietos: Silvina —de rostro redondeado y rubia, igual que su abuela—, Ramiro, por quien sentía una debilidad especial, y una nieta menor. Y, como si fuera poco, llegó a los primeros años de su vejez con el orgullo de ver en su hijo un hombre buen mozo, buen padre, buen marido, buen abogado y trabajador. Escribía sus últimos capítulos con alegría: «Nos vemos bien, tranquilos. Eso me permite confiar en que mi vejez será menos solitaria que mi madurez». No sonaba a mala cosa.

Y, en la medida en que pasaron los años y su afán viajero decayó, le tomó más afecto a quedarse en la tierra conocida, entre cuatro paredes, entre sus libros, su máquina de escribir. «Mi destino, como el de una encomienda postal, lleva un rótulo claro, imposible de equivocar: "Buenos Aires, Argentina, vía ida y vuelta, Punta del Este, Uruguay".»

Punta del Este era su otra cara, el anverso de una vida agitada, el lado oculto de una medalla que siempre se lleva en el pecho. Cuando la ciudad no era, todavía, tan conocida, trataba de explicar su extraordinaria geografía.

—Ha de ser muy lindo eso de ir remontando el río... —le dijo un amigo de París a quien ella relataba cómo se trasladaba todos los años de Buenos Aires a Punta del Este.

—No remontamos nada —le dijo—, es un río tan grande como el mar. Los españoles lo llamaron Mar Dulce.

Luego comprendió que sólo a los rioplatenses les puede entrar en la cabeza eso de un río sin orillas a los costados. Los uruguayos lo llaman mar.

—Otros ríos son fantásticos de remontar, pero cruzar el Río de la Plata es como cruzar el mar —señaló.

Sus libros se vendieron mucho, es cierto. Se tradujeron. Se convirtieron en películas mejor o peor logradas, en obras de teatro, en centro de una disputa. Rodaron como piedras. *Los burgueses*, una de sus obras más logradas, fue materia de estudio en programas de literatura. *Los pasajeros del jardín*, la más abiertamente autobiográfica y reveladora de un tipo de sociedad porteña que todavía, a pesar de los años, reverbera.

Discutida hasta el cansancio, trabajó mucho, escribió mucho y quizá cometió el error de exponerse tanto en un mundo pacato y envidioso, que la denostaba como una escritora para «señoras gordas», que no era. Y la compulsión por hablar, por contar, por escribir, por exponer, fue, en definitiva, más fuerte que ella misma. «Acepto que, sin duda, he escrito demasiado. Pero, en los intervalos entre libro y libro, el vacío era atroz. Insoportable.»

Punta del Este tiene las casas por las que anduvo, sus historias. Las que son ciertas, las que se exageran un poco, las que no se cuentan por pudor. Ella quería especialmente las historias que convirtió en volúmenes, aunque, la verdad, ya no son fáciles de encontrar. Están atrás, tapados de polvo, condenados a un injusto y precoz olvido del que ella quiso prevenirlos. «Ninguno de nosotros debe dejar de luchar para evitar que el libro sea un producto de consumo inmediato y perecedero. Ni uno solo ha sido escrito para vivir apenas unos meses. Todos aspiran, aunque sea, a una débil inmortalidad. Un escritor es un libro. Un libro es un escritor. Todo lo demás es un corolario intrascendente. Yo aspiro a volver a ver mis libros en la calle, en las manos de la gente, como otros aspiran a obtener el premio Nobel.»

Puesta a ambicionar, nunca se anduvo con chiquitas. Murió en 1990. Menos mal que no está entre nosotros. Ella, que no olvidaba, no hubiera podido vivir con tanto olvido.

*Eduardo Víctor Haedo*

**«Creo que he sido un hombre al que la providencia ha dotado de algunos dones: primero, el don de no aburrirme jamás»**

—Aquí utilizamos toda clase de cueros, menos los humanos —dijo el entonces presidente de los uruguayos Eduardo Víctor Haedo, aquel soleado mediodía de agosto, mientras en la gran parrilla de La Azotea las brasas doraban un jugoso asado con cuero.

—No vaya a creer lo que andan diciendo por ahí. Nosotros tampoco los utilizamos —replicó el polémico y carismático visitante, que desde su llegada a territorio oriental acaparaba la atención de los periodistas de todo el mundo apostados en Punta del Este. De tanto en tanto, Poncho, el ovejero alemán del dueño de casa, festejaba al forastero.

—Venga, Poncho —ordenó Haedo y mirando a Ernesto *Che* Guevara manifestó—: Me lo está conquistando, mi amigo —y volviendo sus ojos hacia el perro y señalándolo con el dedo índice de su mano derecha dijo—: ¿Te me estás haciendo fidelista, Poncho?

De esta manera Eduardo Víctor Haedo y Ernesto *Che* Guevara se conocieron e iniciaron una serie de conversaciones que se prolongaron durante los cinco días consecutivos en los que el guerrillero argentino estuvo en Punta del Este. Por supuesto, los encuentros se llevaron a cabo siempre en La Azotea, la residencia de veraneo de Haedo y «con sencillez republicana», como le gustaba decir al dueño de casa.

Estamos a comienzos de los sesenta, más precisamente en 1961. La revolución cubana hacía dos años que había triunfado y comenzaban a producirse los primeros encontronazos entre el gobierno de Fidel Castro y el de John F. Kennedy. El argentino Ernesto Guevara de la Serna era por entonces ministro del régimen cubano. No había salido aún a exportar la revolución por América Latina. El Che gozaba en el continente y especialmente en el Uruguay de una enorme popularidad, fundamentalmente entre los partidos y fuerzas políticas de izquierda. Había llegado a Punta del Este para participar como presidente de la delegación cubana en el primer encuentro del Consejo Interamericano Económico y Social (CIES) de la OEA. En esa reunión, que congregó a ministros de Economía y Acción Social de América Latina y del Caribe, se oficializó la denominada Alianza para el Progreso, impulsada por el presidente Kennedy. Fue además el primer gran foro internacional que se desarrolló en Punta del Este. Un capricho de Haedo, decían los dirigentes colorados de la oposición y también algún que otro correligionario blanco del presidente del Consejo de Gobierno. Desde que Uruguay fue elegido para ser sede de la reunión, Haedo libró una dura batalla para que el CIES deliberara en Punta del Este. Una locura más de Haedo, comentaban los legisladores colorados en el ambulatorio del Parlamento y refrendaban los editoriales del opositor diario *El Día*. ¿A quién se le ocurriría celebrar una reunión de tal envergadura en la Punta del Este de hace cuatro décadas, con escasa infraestructura y en pleno invierno? Solamente a un audaz o a un visionario. Pocos entendieron que lo que Haedo perseguía reuniendo a los ministros con sus delegaciones y a los más de quinientos periodistas de los cinco continentes que vinieron con ellos, era que la prensa del mundo entero durante más de una semana hablara de Punta del Este. Y efectivamente así sucedió. Hoy nadie niega que hubo un antes y un después en Punta del Este, tras la reunión del CIES. Y que ésta generó, cinco meses más tarde, en enero de 1962, el encuentro de cancilleres de los países miembro de la OEA, en el cual se resolvió la expulsión de Cuba del organismo internacional. Más periodistas y más difusión para Punta del Este.

—¿Y cómo es eso, Haedo, que Uruguay tiene nueve presidentes? —preguntó con picardía el barbudo visitante, refiriéndose al Poder Ejecutivo colegiado que desde la reforma constitucional de 1951 gobernaba a los orientales y que estaba integrado entonces por seis consejeros del Partido Nacional o Blanco y tres del Partido Colorado.

—Es un invento de los suizos, que nosotros hemos importado, por aquello de que somos la Suiza de América —respondió el dirigente nacionalista, a quien justamente ese año le había correspondido presidir el denominado Consejo de Gobierno.

—Entiendo, no les alcanzaba con ser la democracia más antigua y respetada de América y tener más vacas que los suizos, que importaron su sistema político —replicó el Che, en un tono en el que intentaba tantear hasta dónde llegaba el sentido del humor de su anfitrión.

—Digamos que sí. Somos poquitos igual que los suizos y como a ellos nos gusta elegir gobernantes cada cuatro años. Como verá, aquí el poder no se concentra en una sola persona —comentó con sorna el dueño de casa, mientras se acomodaba su característica gorra blanca—. ¿Y qué población tiene hoy Cuba? —preguntó seguidamente Haedo.

—Los últimos cálculos indican que hay alrededor de seis millones ochocientos mil habitantes —respondió Guevara.

—Supongo que ya no cuentan a los que se han ido... —expresó el anfitrión.

—A esos no los contabilizamos, pero a los que entraron cuando la invasión sí —manifestó el Che.

En medio de la conversación irrumpió en el quincho de La Azotea María, la cocinera, llevándole a su patrón el mate y la pava. El Che miraba aquel mate humeante con los ojos de un niño al que se le muestra una golosina largamente deseada. Haedo, que era medio gaucho, entendió enseguida lo que la mirada de Guevara expresaba. El veterano político, que llevaba sobre sus espaldas más de 30 años recorriendo la campaña uruguaya, solía decir que «cuando un tipo mira mucho la guitarra uno se da cuenta que toca. Y si mira cómo uno agarra la guitarra, podemos deducir que canta».

—¿No quiere tomar mate? —le dijo mientras echaba agua en el pequeño recipiente de calabaza coronado por una bombilla de plata.

—¡Hace tanto que no tomo mate! —respondió Guevara con un dejo de nostalgia. A partir de ese momento ambos encontraron el pretexto ideal para realizarse mutuamente confesiones: matear juntos. No hay nada que una más a dos criollos, aunque sean de una y otra orilla del Río de la Plata, que una rueda de mate. Todas las mañanas, muy temprano, el político oriental y el guerrillero argentino en su corta estadía en suelo uruguayo, se encontraban en La Azotea. Las dos primeras mañanas solos. Las dos siguientes rodeados por una multitud de periodistas. Entre amargo y amargo, los dos personajes tejieron una relación afectuosa que, más allá de las cartas que se escribieron hasta pocos meses antes de la muerte de Guevara en Bolivia en 1967, quedó registrada en el libro de visitas de La Azotea, donde el Che de su puño y letra escribió: «Para Haedo, que aquí en Punta del Este ha comprendido el porqué de nuestra revolución y sabe que hay que endurecerse sin perder la ternura jamás». Por su parte, Haedo, después de aquellos encuentros, no ocultó nunca su admiración por Guevara. Al punto tal que a la muerte de éste solía afirmar que el Che, Juan XXIII y Paulo VI eran «las tres personalidades de mayor relevancia universal en lo que va del siglo XX».

## *El desagravio al mate*

Las mateadas de Haedo y del Che en La Azotea pasaron a la historia. Quedaron plasmadas en varias fotografías que dieron, a través de las agencias de noticias internacionales, la vuelta al mundo. Una de ellas, tal vez la más famosa, fue tomada por un fotógrafo de la agencia norteamericana United Press International. Allí en el jardín de La Azotea se ve a Haedo, custodiado por su hija Beatriz y un grupo de periodistas, entregándole al Che un mate recién cebado. Estas imágenes, que pueden ser vistas hoy en la galería de fotografías que atesoran las paredes de La Azotea, explotaron como una bomba, a poco de que Guevara abandonó territorio oriental en el entonces ya caldeado y tenso ambiente político uruguayo.

La primera detonación se produjo en el mismo Consejo de Gobierno. La segunda se registró en el Parlamento un poco más tarde. Y la tercera estalló en la calle, con una multitudinaria manifestación popular de desagravio al mate. El consejero de gobierno Benito Nardone, líder del movimiento ruralista, cuya alianza con el Partido Nacional permitió el triunfo electoral de los blancos en 1959, luego de 93 años de gobiernos colorados, fue el encargado de proporcionar la pólvora de su incontenible verborragia para cada una de las instancias. En efecto, Nardone comenzó haciendo un planteo en el Consejo de Gobierno. Impulsó luego un ruidoso debate en la Cámara de Diputados y convocó más tarde a un cabildo abierto cuyo cometido fue el de «desagraviar al mate». El propósito de Nardone era muy claro: había que restablecerle al mate su honor mancillado. La afrenta a uno de los símbolos nacionales más queridos había sido infligida por el mismísimo presidente de la República, que había invitado con la criolla infusión a un barbudo guerrillero, que para colmo de males era comunista e inteligente. Nardone, a quien apodaban Chicotazo, porque sus severas críticas, difundidas por la radio, pegaron como chicote durante años a los gobiernos colorados, reunió a miles de orientales en la ciudad de Minas. Aquél fue un espectáculo propio del mejor realismo mágico.

Estancieros, comerciantes, milicos, comisarios, cocineras y peones de estancia, maestras rurales, gauchos y pulperos, provenientes de todos los puntos del país, portando mates de los más variados tamaños, diseños y colores y embanderados con el pabellón nacional, coparon la capital del departamento de Lavalleja. Reunidos en la plaza principal de la ciudad, escucharon el encendido discurso de Nardone en el que el consejero de gobierno arremetió contra Haedo, el Che, Fidel Castro y de paso contra los importadores que por esos días habían aumentado el precio de la yerba. La multitud aplaudió y tomó mate hasta el amanecer. No obstante, algunas crónicas de los diarios de la época señalaron que había quedado demostrado por primera vez, esa noche en Minas, que el mate tomado en grandes cantidades y en medio de multitudes producía en numerosos paisanos los mismos efectos que la caña o la grapa...

## *Una vieja pulpería en ruinas*

A comienzos de la década del cuarenta los terrenos en los que hoy se levanta La Azotea conformaban un gran arenal. Allí, entre dunas y maleza y a la vera de las vías del ferrocarril que en 1930 llegó por primera vez a Punta del Este, en lo que hoy es la avenida Artigas, agonizaban las ruinas de una vieja pulpería de la época colonial. El lugar era por entonces un sitio inhóspito y deshabitado. Quedaba a medio camino entre Maldonado y Punta del Este. ¿Quién hubiera reparado en aquellos años que esas tierras alejadas de la playa podían tener algún futuro? «Allí, en esos arenales vamos a construir nuestra casa de veraneo», dijo Haedo a su esposa, Rosita Garramón, y a su hija Beatriz mientras contemplaban desde la ventanilla del ferrocarril el agreste paisaje. Fue una tarde de enero de 1944, minutos antes de que el tren llegara a la península, que el político nacionalista hizo el anuncio. Madre e hija, al escucharlo, se sonrieron e intercambiaron miradas de complicidad. Ambas estaban acostumbradas a las aventuras de aquel hombre audaz e incansable que vivía haciendo proyectos. La realidad económica de la familia hacía que la afirmación de Haedo no fuera más que una declaración de deseos. Sin embargo, pocos meses después el proyecto se concretó, al menos en parte. En efecto, y pese a la oposición de su esposa, Haedo invirtió los pequeños ahorros familiares en la adquisición de la vieja pulpería y de los terrenos que la circundaban. Pero el dinero no alcanzó para nada más. Hubo que aguardar entonces un par de años. Hasta que en 1947 la diosa fortuna entró por la puerta principal a la casa del entonces senador blanco y gracias a ella nació La Azotea.

La historia es, como muchos de los episodios que protagonizó y generó Haedo a lo largo de su vida, novelesca. Y al parecer sucedió de la siguiente manera: Haedo tenía que viajar a Brasil para participar representando a Uruguay en una conferencia internacional que se celebraba en la localidad de Quitandinha, muy cerca de Rio de Janeiro. Como en la mayoría de sus viajes al exterior, iba acompañado por su hija Beatriz. Horas antes de embarcarse fue a cambiar dinero a una casa de cambios ubicada en la Plaza Independencia de Montevideo, de la que era cliente.

—Tengo para usted el número de la grande que se sortea el viernes —le dijo el empleado, al tiempo que desplegaba sobre el mostrador el billete entero del 8007.

—No, yo nunca he sacado nada y las veces que he jugado han salido letras —expresó Haedo.

—Pero mire que es una fija y el premio es medio millón de pesos —replicó el vendedor, mientras doblaba el número y se lo colocaba al legislador en el bolsillo superior del saco.

—No, muchacho, lo único que me vas a hacer sacar es la plata del bolsillo —manifestó devolviendo al empleado el billete.

—No se habla más, don Eduardo, usted lo lleva y después festejamos juntos —y volvió a ponerle el entero en el bolsillo. Al volver a su casa Haedo le entregó a su esposa el número de lotería—. Si llega a salir edificamos la casa en Punta del Este —dijo.

Pasaron los días. Una tarde, doña Rosita leyó en el diario que nadie se había presentado hasta entonces a cobrar el premio mayor de la lotería. El número ganador era el 8007. Se sabía que el entero había sido vendido en un cambio del Centro, pero se desconocía al feliz ganador. Doña Rosita se acordó entonces del billete que su esposo le había dado para guardar. Fue hasta la cómoda de su dormitorio, abrió el primer cajón y se encontró con que el número era el 8007. Como tenía un cero adelante pensó que no era el que había salido. Poco después llegó de visita su hermana Irma y le comentó el episodio. Al día siguiente Haedo y su hija recibieron en Brasil un telegrama que decía: «Medio millón de abrazos». Doña Rosita, que era una mujer muy lúcida, cuando fue a cobrar el premio se hizo acompañar por un legislador colorado y otro blanco. Para que, según decía, nadie dudara después de dónde Haedo había sacado tanto dinero. A partir de ese entonces la vieja pulpería de Punta del Este comenzó a transformarse en una soberbia casa de estilo colonial.

## *Un estanciero frustrado*

La casa principal fue obra del arquitecto argentino Alberto Ugalde. Cumpliendo un viejo sueño de Haedo, Ugalde edificó una suerte de casco de estancia de estilo colonial con mirador y alero. Y, como las casonas de las estancias del Río de la Plata del siglo XIX, sus muros exteriores se pintaron de rosa viejo. Y al igual que en los tiempos de la Colonia, en que las estancias, cuyos cascos tenían mirador y alero, eran denominadas *la azotea*, seguidas del apellido de su propietario, el político uruguayo bautizó su residencia de verano como La Azotea de Haedo. Haedo solía decir que él era un estanciero frustrado y que, como nunca iba a poder comprarse una estancia, se conformaba con ser propietario de una *azotea*. La casa principal estaba rodeada de pastizales y médanos que poco a poco se transformaron en un amplio parque en el que crecieron eucaliptos, pinos y ceibos. Lentamente el predio se fue poblando de flores. Primero brotaron los jazmines del cabo, que con su inconfundible fragancia daban la bienvenida a la familia cuando inauguraban sus vacaciones de verano poco después de la Navidad. Luego florecieron los jazmines del Paraguay, que con la fuerza de una hiedra trepaban por las rejas de los ventanales de la sala principal hasta llegar a la planta alta, formando cada mañana, con los primeros rayos del sol, un caleidoscopio de colores perfumados. Más tarde nacieron las camelias. Y así, con el paso lento y cansino con que transcurrían los veranos de aquellos tiempos en Punta del Este, el parque se convirtió en jardín y La Azotea en un paraíso.

La casa principal, de generosas dimensiones, cuenta con numerosas habitaciones que albergaron a los visitantes ilustres que siempre frecuentaron La Azotea. Haedo eligió como su dormitorio una pequeña habitación con un diminuto baño que quedaba en el mirador. Doña Rosita accedió resignada a ocupar aquel cuarto escaleras arriba en el que apenas entraba la cama de matrimonio con sus respectivas mesas de luz. Y a utilizar el baño donde había que hacer malabarismo para ducharse y no golpearse con el lavatorio. La incomodidad del recinto tenía su compensación: la maravillosa vista que desde sus ventanales se podía contemplar. La catedral de Maldonado, los bosques de Pinares y la península fueron, hasta la década del ochenta, cuando las torres cambiaron la geografía de Punta del Este, las postales que regalaba el mirador de La Azotea.

A la casona principal Haedo le fue agregando varias construcciones más que son obras de diferentes arquitectos y artistas. Al finalizar cada verano, durante los primeros años que Haedo y su familia pasaron en La Azotea, el político nacionalista inventaba una nueva edificación que, por supuesto, se inauguraba en el verano siguiente. Su hija Beatriz se ponía muy nerviosa cuando veía que su padre se sentaba en su mecedora y comenzaba a observar detenidamente el jardín. «Dios mío», pensaba ella, «qué estará planeando construir ahora». De inmediato Beatriz arrimaba una silla y le daba charla, con el único propósito de distraerlo. Fue así, en esos ratos de ocio creativo, que nacieron las edificaciones que rodean la casona principal y que convirtieron La Azotea en una especie de villa.

De esta manera surgió la idea de que Elías Ciurich construyera el rancho de los almuerzos y el taller de las artes plásticas y que el boliviano Xavier Querejatzu proyectara la capilla. Mientras que el anfiteatro, en el que debutaron muchas figuras del teatro y de la música del Río de la Plata hoy consagradas en el mundo, fue obra de un equipo integrado por Xavier Nievas, Pablo Serrano, Miguel Echaurri, Glauco Capozzoli y Enrique Fernández Broglia. La mayoría de ellos, entonces jóvenes profesionales que hacían sus primeras armas.

## *«He sido todo en la vida menos cardenal»*

¿Pero quién era realmente Eduardo Víctor Haedo, cuyas anécdotas forman parte de la historia más recordada y querida de Punta del Este? Los historiadores lo señalan como un hombre inteligente, visionario, audaz y culto. También como uno de los oradores más brillantes con que contó el Uruguay. Coinciden además en ubicarlo entre los mejores discípulos del legendario caudillo nacionalista Luis Alberto de Herrera. Y, como éste, polémico, querido y discutido. Sus amigos, desde el rincón del afecto, lo recuerdan como un hombre generoso, inmensamente ocurrente y divertido y siempre dispuesto a tender una mano a quien la necesitara.

Lo cierto es que Eduardo Víctor Haedo nació en la ciudad de Mercedes en 1901. De origen modesto, se educó en el colegio de los salesianos de su ciudad natal, donde en el liceo compartió el banco de clases con Rosita Garramón, la que luego de doce años de noviazgo se convirtió en su esposa. Siendo casi adolescente comenzó a militar en la Juventud Nacionalista. En 1922 y a raíz de un manifiesto que él mismo redactó, conoció al caudillo blanco Luis Alberto de Herrera, que por entonces ya comandaba el Partido Nacional. A partir de ese momento entabló con Herrera una relación que se prolongó hasta la muerte del legendario líder blanco. Cursó estudios de derecho, que abandonó poco tiempo después para dedicarse al periodismo y a la política. En 1928 fue electo por primera vez diputado por el departamento de Soriano. Inició entonces una carrera política en la que no hubo cargo de relevancia que no ocupara. Diputado y senador durante más de 30 años consecutivos, ministro de Instrucción Pública, consejero de Gobierno en los años del Poder Ejecutivo colegiado y presidente por un año del Consejo de Gobierno y por ende de la República. Al parecer, Haedo tenía razón cuando afirmaba: «He sido todo en la vida menos cardenal».

En su extensísima carrera política Haedo protagonizó triunfos y derrotas. Él solía contar que siempre tuvo muy presente el consejo que Herrera le dio en 1928, cuando a los 27 años de edad obtuvo su primera banca en el Parlamento: «No se maree nunca en la altura y no se desespere en la adversidad». Del veterano caudillo blanco, Haedo hizo suya, además, una frase que luego se transformó en emblemática y que definía su forma de ser: «con sencillez republicana». Con sencillez republicana y un inagotable sentido del humor Haedo transitaba por la vida. Con sencillez republicana hacía permanentemente proyectos, a veces tan disparatados como geniales. Con sencillez republicana conversaba con las grandes personalidades mundiales de la cultura y de la política. Con sencillez republicana se reunía con obreros y peones rurales. Con sencillez republicana Haedo escuchaba a todo el que se le acercaba a hablarle. Con sencillez republicana enfrentaba a sus adversarios políticos. Con sencillez republicana iba contra la corriente. Con sencillez republicana gozaba de la vida.

A lo largo de su carrera política, Haedo tuvo dos momentos fundamentales que los historiadores coinciden en destacar como los más brillantes de su trayectoria: su actuación como ministro de Instrucción Pública a mediados de la década del treinta y su desempeño en el Senado en 1940, a la hora de rechazar el proyecto de instalar bases militares norteamericanas en territorio uruguayo.

Como ministro de Instrucción Pública Haedo dio un gran impulso, hasta entonces nunca registrado en el país, a todas las manifestaciones de la cultura uruguaya. Creó el Salón Nacional de Bellas Artes, los museos del interior del país, redactó y logró la aprobación parlamentaria de la ley de derechos de autor y respaldó a figuras tales como Joaquín Torres García y Pedro Figari, que, vencidos, uno por la pobreza y el otro por la muerte de su hijo Juan Carlos, regresaron a Uruguay en aquellos años.

—¿Dónde tienen guardados los cuadros de Torres García? —preguntó Haedo una mañana muy fría del invierno de 1939, a dos funcionarios de la aduana del puerto de Montevideo, a los que se apersonó el entonces ministro de Instrucción Pública.

—Allí en el fondo —respondieron, mientras señalaban una gran cantidad de paquetes embalados y apoyados en las húmedas paredes de un añejo galpón del puerto capitalino.

—¡Cómo van a tener las obras de Torres García arrumbadas en un lugar así! —recriminó indignado Haedo.

—Faltan algunos papeles y tenemos orden de no entregar la mercadería —respondieron a coro los funcionarios que se referían a los cuadros del pintor constructivista como si fueran cajas de zapatos o latas de conservas.

—Conque tienen orden de no entregar la mercadería —expresó Haedo y haciendo una seña al chofer del camión que lo había transportado hasta el puerto, para que lo ayudara, comenzó a cargar él mismo los cuadros. Los empleados públicos no salían de su asombro. Una vez que terminó de colocar las pinturas en el camión, y luego de limpiarse las manos con un pañuelo, Haedo manifestó—: Ahora vayan y díganle a su jerarca que el ministro de Instrucción Pública se llevó los cuadros de Torres García. A ver si hace la denuncia policial y se animan a procesarme. —Minutos más tarde Haedo llegaba a la casa de Torres García para entregarle sus pinturas.

Fue también Haedo, siendo ministro, el que logró por primera y única vez reunir en el verano de 1938 a las entonces tres poetisas más famosas de América: Juana de Ibarbourou, Gabriela Mistral y Alfonsina Storni. Las divas de la literatura hispanoamericana dictaron juntas una histórica conferencia en la Universidad de la República de Montevideo. De ese encuentro queda hoy como testimonio una fotografía que puede ser contemplada en La Azotea y en la que las tres mujeres muy sonrientes posaron junto a Haedo. En el revés de la foto Alfonsina Storni escribió la siguiente dedicatoria:

> Un ministro que tiene piedad de las musas merece el bien del Olimpo.

## *Veranos que hicieron historia*

Haedo y su familia se instalaban en La Azotea en las vísperas de fin de año. El dirigente político permanecía en la casona durante todo el mes de enero. Luego, según el cargo que estuviera ocupando en el momento, alternaba su descanso con permanentes viajes a Montevideo. No obstante, su esposa y su hija prolongaban sus vacaciones hasta el domingo de Pascua.

El desembarco de los Haedo en La Azotea traía aparejado un cambio de roles en la familia. En efecto, doña Rosita delegaba el mando como dueña de casa en su hija Beatriz. La esposa de Haedo había tomado esa sabia decisión luego de comprobar, durante los dos primeros veranos que pasaron en La Azotea, que con su esposo de vacaciones era imposible planificar y mantener el orden de la casa. A partir de ese momento los territorios quedaron bien delimitados: doña Rosita se encargaba del departamento de Montevideo y su hija Beatriz de La Azotea.

Solamente una persona muy joven como lo era entonces Beatriz podía, sin perder el buen humor y la calma, seguir el ritmo que Haedo imponía en la residencia de veraneo. Almuerzos sorpresivos de cincuenta personas o más, tres, cuatro y hasta cinco veces a la semana. Reuniones programadas en las que el dueño de casa anunciaba que había invitado a cuarenta personas a comer y en las que se presentaban solamente quince. Sobremesas que empezaban a las cuatro de la tarde y se prolongaban hasta las diez de la noche o seguían de corrido hasta la madrugada, con cena incluida. Había que tener muchas energías y gran sentido del humor para seguir aquel tren. Beatriz lo tenía y María, la cocinera, también. «Eche más tallarines en la olla, María, y fría más pastelitos, que llegaron diez comensales más», avisaba Beatriz. «¡Pero será posible, señorita, que nunca podamos saber cuántas personas vendrán?», exclamaba resignada la veterana cocinera que llevaba años trabajando para la familia y que mantenía siempre en la alacena un *stock* de varios kilos de pasta. Con mucha inteligencia Beatriz había decidido desde un comienzo que el menú sería siempre el mismo: tallarines con tuco y pastelitos de hojaldre rellenos de dulce de membrillo.

Los siempre multitudinarios almuerzos de La Azotea tenían su origen en la playa Brava. Allí, a la altura de la parada 1, Haedo había conseguido que le instalaran dos sombrillas en las que recibía a amigos, correligionarios, adversarios políticos y conocidos, como en su despacho del Parlamento. En una sombrilla se instalaba él, siempre acompañado de algún amigo. En la otra se formaba una rueda de la que también participaba. Todos terminaban almorzando en La Azotea. Ahora bien, la cosa se complicaba cuando salía a caminar por la orilla del mar con su inconfundible gorra blanca. A cada persona con la que se detenía a conversar, y eran muchas siempre, también la invitaba a almorzar. De esta manera, la gigantesca mesa redonda del quincho de La Azotea y las mesas laterales se iban llenando de la gama más variada de personajes. Políticos de derecha, izquierda o de centro. Empresarios y comerciantes. Intelectuales mundialmente reconocidos o anónimos. Pintores consagrados o fracasados. Sacerdotes, pastores y rabinos. Todos tenían a su disposición un lugar en la mesa de La Azotea. Como le gustaba decir a Haedo, siempre había un sitio disponible en su mesa, cualquiera fuera la condición social, el credo o la divisa del visitante. Importaba sí que tuviera «talento y una charla agradable». Y de eso da fe el libro de visitas de La Azotea, que en sus amarillentas páginas atesora firmas, saludos, poemas, dibujos y agradecimientos de centenares de personas que disfrutaron de la hospitalidad del dirigente blanco y, a la muerte de éste, de la de su hija Beatriz y su esposo, Benito Llambí.

Sin duda, de las reflexiones, comentarios y agradecimientos que guarda el libro de visitas de La Azotea, hay dos que tal vez resumen de una manera muy gráfica el ambiente que Haedo supo crear en su morada de verano. Una está fechada en 1961 y corresponde al poeta chileno Pablo Neruda: «Pienso que el mundo necesita puentes y tú Haedo eres un puente». La otra, escrita en 1965 por un visitante de firma ininteligible, reza así:

> Eduardo Víctor Haedo,
> que nunca has tenido miedo
> de unir a un oficialista
> y a un flagelo del gobierno
> en tu bello locutorio,
> tu fin será el purgatorio,
> por juntar cielo e infierno.

En esos almuerzos, muchos de los cuales pasaron a la historia, Haedo hizo milagros. Con su magistral habilidad política sentó en la mesa de La Azotea en enero de 1956, pocos meses después de la Revolución Libertadora que derrocó a Juan Domingo Perón, a peronistas fanáticos y antiperonistas furibundos. Eran tiempos en que en Argentina se llevaba a cabo una feroz persecución contra los peronistas. Y el Uruguay democrático y liberal daba refugio entonces a los partidarios del ex presidente derrocado y exiliado. Así como años antes lo había hecho con cientos de opositores al régimen de Perón.

—¿Es cierto, padre Benítez, lo que me han dicho, que usted tiene dos hijos? —preguntó irónicamente Dita Alsogaray, esposa del ingeniero Álvaro Alsogaray, al sacerdote Hernán Benítez. Benítez, que se había consagrado sacerdote por la orden de los jesuitas, había sido el confesor de Eva Duarte de Perón y la contracara durante el gobierno justicialista de los sectores mayoritarios de la Iglesia argentina que se opusieron al tres veces presidente de los argentinos.

—No, señora, no es cierto. Pero me encantaría tenerlos —respondió el clérigo, que junto al sindicalista argentino y peronista de la primera hora John William Cooke compartía la mesa de ese mediodía de 1956 en La Azotea. Por supuesto, Haedo era el anfitrión y el artífice de aquel tenso encuentro, imposible de imaginar en la Argentina de esos tiempos. No obstante, estaban en el Uruguay y en la mesa de Haedo, donde las batallas se libraban siempre a través de la discusión pero con inteligencia, argumentos, sentido del humor y, sobre todo, buenos modales.

—Creo que la señora debe haber leído ese disparate en el diario *La Prensa* —replicó Cooke, que al igual que los Alsogaray provenía de una familia culta de la clase alta argentina, pero que acompañaba, como su padre el embajador Cooke, a Perón desde 1946.

—No tenga dudas de que lo leí en *La Prensa* —respondió la esposa de Alsogaray, y para despertar aún más la cólera de su interlocutor agregó—: Es mi diario. Su página de sociales, que es la que leo primero cada mañana, es completísima. Allí me entero de quiénes se van o llegan a Buenos Aires.

—No creo que los que realmente se han ido y se deben ir de Argentina salgan en sociales de *La Prensa* —comentó sin perder la compostura Cooke, que como buen descendiente de ingleses e hijo de diplomáticos sabía guardar los modales aun cuando lo provocaban—. Tampoco deben dar en *La Prensa* información sobre los argentinos que están presos por ser peronistas —acotó.

Haedo, como era su costumbre, escuchaba atentamente. Antes de que las ironías pasaran a mayores, se decidió a intervenir.

—¿Cómo es esa teoría, ingeniero, del capital social? —preguntó haciéndose el zonzo y mirando a Alsogaray el dueño de casa, cuya simpatía hacia Perón era por todos los presentes conocida. A partir de ese momento Alsogaray y Cooke se trenzaron en una larga e interesantísima discusión sobre el capitalismo, la libertad del mercado y las reformas impulsadas por el peronismo, que se prolongó durante horas. De tanto en tanto el padre Benítez intervenía con alguna reflexión teológica. No en vano años más tarde se convertiría en uno de los mayores impulsores de la teología de la liberación por estas latitudes. Haedo disfrutaba escuchando. Pero más disfrutaba pensando que con su sencillez republicana y su cintura política había logrado acercar en torno a su mesa a las dos corrientes que dividían la Argentina. Dita Alsogaray, cansada de tanta doctrina, optó por pasear por el parque de La Azotea. Aquel almuerzo, que como todos los que se celebraban en La Azotea había empezado a las dos de la tarde, finalizó a las diez de la noche. Los participantes se despidieron con un saludo casi cordial. Haedo prometió reunirlos a todos nuevamente el verano siguiente.

## *Campanas al vuelo*

En sus primeros años, allá por los cincuenta, La Azotea tenía como únicos vecinos médanos, pastizales y a lo lejos bosques de pinos y eucaliptos. Fueron los tiempos en que el pueblo no se había recibido aún de balneario internacional. «Era como vivir en medio del campo», recuerda hoy Beatriz Haedo. La hija del político blanco no duda en calificar aquellos años como los más felices de su juventud. Asimismo, no puede hoy evitar emocionarse cuando evoca los atardeceres de Punta del Este. Crepúsculos en los que el tren lleno de turistas pasaba por la puerta de La Azotea y el maquinista saludaba haciendo sonar el silbato de la locomotora, a sabiendas de que los moradores de la casona responderían con un tañido de campanas. Campanas que repicaban también para recibir y despedir a los invitados o para anunciar los domingos que comenzaba la misa en la capilla.

A poco de inaugurarse, La Azotea se transformó en el centro cultural más importante de Punta del Este y de todo el departamento de Maldonado. Haedo no había soñado su casa solamente como un lugar de veraneo, sino también como un espacio donde él pudiera dar rienda suelta a sus reconocidas inquietudes artísticas. Allí el político nacionalista no sólo reunía a los políticos, escritores, pintores y músicos más importantes del país y del exterior que recalaban por la zona, sino que también recibía y alentaba a los jóvenes artistas de Maldonado. Fue entonces que una generación entera de plásticos, que luego se consagraron en el país y en el exterior, tuvo en La Azotea un taller donde crear y exhibir sus trabajos y su talento. Todos ellos dejaron siempre algunas de sus obras como recuerdo. Manolo Lima, Jorge Damiani, Jorge Páez Vilaró y Vicente Martín fueron, entre muchos otros, algunos de los entonces jóvenes pintores uruguayos que recalaron por La Azotea. También hubo figuras de la vecina orilla que mostraron por primera vez sus cualidades artísticas en La Azotea. Desde Buenos Aires y en el anfiteatro de La Azotea hicieron sonar sus voces Susana Rinaldi y Mariquena Monti. Haedo las escuchaba atentamente y luego las aplaudía gritándoles «¡Sigan, sigan cantando que algún día serán las glorias de América!» Y al parecer no se equivocó, al menos en el caso de Susana Rinaldi. Muchos años después, en marzo de 1986, la cantante argentina retornó a La Azotea. Ya no estaba Haedo sentado en una de las gradas del anfiteatro para aplaudirla, pero sí estuvieron para recibirla Beatriz y su esposo.

Antes de retirarse, luego de una noche en que la Tana homenajeó el recuerdo siempre presente de Haedo cantando *a capella* el tango *Malena*, escribió en el libro de visitas de La Azotea esta suerte de poema: «Por la buena costumbre de recordar. Por Eduardo Víctor Haedo que alguna vez fue desde aquí, "medium" de mi futuro. Por esta casa donde Beatriz y Benito reciben y dan la cordialidad del Río de la Plata, que debemos agradecer y atesorar. Por la amistad y nuestras sombras que la harán perdurable. Mi abrazo. Susana Rinaldi».

—Papá, ¿pensaste alguna vez qué harías tú con esta casa si a mí me pasa algo y me llego a morir? —le preguntó Beatriz agotada una tarde de enero, luego de una semana en que por La Azotea habían desfilado más de 150 personas, por supuesto, todas a la hora del almuerzo.

—No te preocupes, hija, yo igual me las arreglaría —respondió Haedo con su característico sentido del humor.

—Y si el que se muere sos tú, ¿qué hago yo con esta casa? —replicó su hija tentada de risa.

—Ah, ahí sí que la que te embromás sos vos —contestó el dirigente blanco, al tiempo que le informaba que para el día siguiente esperaba a unos treinta correligionarios a la hora del almuerzo—. Pero no te preocupes, como siempre, hacés que María prepare tallarines y pasteles de dulce de membrillo —comentó.

En 1963 Beatriz se casó con el argentino Benito Llambí. Llambí era un embajador de carrera y un estrecho colaborador del general Perón. Fue justamente en la inauguración del segundo mandato presidencial de Perón, en 1952, que Beatriz Haedo y Benito Llambí se conocieron. Haedo encabezaba la delegación uruguaya que participó en la mencionada ceremonia. Y como era su costumbre, Beatriz acompañó a su padre a Buenos Aires. Por su parte, Llambí era por entonces el jefe de protocolo de la Casa Rosada. Al parecer fue un amor a primera vista que se concretó en matrimonio años más tarde. Beatriz suele contar que cuando regresaba con su padre a Montevideo le dijo: «Yo algún día me voy a casar con Llambí».

Haedo y Llambí mantuvieron siempre una relación fraternal. No obstante, al esposo de Beatriz, que era un hombre muy formal y acostumbrado al protocolo de la vida diplomática, le costó al principio adaptarse al ritmo alocado e informal que se vivía en los veranos en La Azotea. «Luego de que nos casamos, pasamos a residir en Buenos Aires», recuerda Beatriz y añade: «En verano lógicamente nos trasladábamos a Punta del Este. Nos acompañaba Julio Montiel, un mucamo que trabajó siempre en la casa de Benito. Montiel era un hombre muy eficiente. Sin embargo, se transformaba cuando llegaba a La Azotea. Disfrutaba enormemente del clima que se vivía en la casona. Le encantaba atender a los invitados en los multitudinarios almuerzos de mi padre. Cuando terminaban las vacaciones y retornábamos a Buenos Aires, Benito se ponía furioso porque Montiel volvía convertido en un desastre. Había que llamarlo al orden».

## *Haedo el pintor*

En las elecciones de 1966 y luego de ocupar cargos electivos por más de 35 años, Haedo no logró los votos suficientes para renovar su banca de senador. Tenía por entonces 65 años. Su fracaso electoral coincidió con la derrota del Partido Nacional, que luego de ocho años en el gobierno fue vencido en las urnas por el Partido Colorado. El dirigente blanco resolvió entonces retirarse de la política y dedicarse por completo a otra de sus pasiones: la pintura. Hasta 1963 Haedo había sido un reconocido coleccionista de pinturas y obras de arte. Cuya contabilidad, como él decía, la llevaba su hija Beatriz. Sin embargo, siempre tenía muy presente un comentario que le había hecho en la década del treinta el genial Pedro Figari: «Hay que pintar; después de que uno pinta trescientos cuadros, si uno solo, uno solo le gusta a uno algo y gusta algo a la gente, ya todo el trabajo está justificado».

No obstante, Haedo siempre creyó y sostuvo que él era un hombre que carecía de manualidad. ¿Cómo entonces logró tomar un pincel y pintar decenas de cuadros? Y como tantas otras cosas que le sucedieron en la vida: de una manera insólita. Una tarde de 1963 se encontraba en La Azotea su amigo, el pintor Glauco Capozzoli, haciendo a pedido de Haedo un gran mural que representaba la despedida de Gorgias tal cual la escribió José Enrique Rodó. Había en la pintura treinta figuras. Haedo, sentado en su mecedora, contemplaba cómo el artista iba dando forma a su obra, hasta que en determinado momento comenzó a opinar:

—A mí no me gusta ese color... Esas piernas se juntan con las otras —comentó. Capozzoli, muy molesto, le dijo:

—Don Eduardo, ¿por qué no pinta usted?

—¿Y usted cree que pintar es algo del otro mundo? —replicó Haedo.

—Pero usted piensa que pintar es andar diciendo por ahí discursos y engañando al pueblo —manifestó muy enojado el artista.

—Ah, sí, me está desafiando —señaló el dueño de casa y agregó—: Póngame todos los colores. Déme una lección de cómo se mezclan y présteme una tela y va a ver si pinto o no. Pero esta noche, a la hora de la cena, usted va a decir un discurso y va a ver que no es tan fácil engañar al pueblo.

Esa noche, Capozzoli no pudo armar un discurso, pero Haedo sí logró pintar un cuadro y lo hizo bastante bien. Desde entonces pasaba horas y horas pintando en el taller de La Azotea.

«Yo no vuelvo nunca más a esta casa», solía decir la argentina Silvina Bullrich, que con su característico y explosivo genio se enfrascaba siempre en largas discusiones con Haedo. El dueño de La Azotea disfrutaba llevándole la contra a la escritora argentina que a mediados de los sesenta desembarcó en la península como la primera cronista de sociales con que contó Punta del Este. «Silvina decía blanco y mi padre por llevarle la contra decía negro», recuerda Beatriz. Y añade: «Así empezaban las discusiones. Silvina levantaba presión y más se enojaba al ver que papá no perdía la calma jamás y seguía pintando tranquilamente mientras ella explotaba de rabia. Era un permanente duelo entre dos personas que se estimaban mucho y que se tenían un gran respeto intelectual». Al día siguiente, sonriente, Bullrich aparecía por La Azotea como si nada hubiera sucedido.

Desde su retiro de la vida política activa, Haedo se refugió más que nunca en La Azotea. Pasaba la mayoría del tiempo en el taller, pintando. Siempre rodeado de amigos y de gente vinculada a la cultura. Toda su vida había sostenido que «no había peor cosa que la pereza» y, pese a que también reconocía que había sido un hombre contradictorio, no estaba dispuesto ahora, que se encontraba en tránsito a la vejez, a desdecirse. Por eso, pintaba, pintaba y pintaba.

A fines de octubre de 1970 Haedo viajó a su Mercedes natal para inaugurar una muestra de sus pinturas y participar en un encuentro con jóvenes. Nada lo estimulaba más que enfrentarse a un auditorio de estudiantes. Se sentía en su cancha cuando los jóvenes lo interrogaban y le pedían opiniones. Pero, curiosamente, ese día la platea se dedicó a preguntarle cosas de su vida y de su trayectoria. No hubo lugar para la polémica. Luego de casi tres horas de conversación y antes de despedirse, Haedo hizo una reflexión que pocos días después se entendería en su cabal sentido:

—Creo que he sido un hombre al que la providencia ha dotado de algunos dones: primero, el don de no aburrirme jamás —manifestó y luego expresó—: Tengo un amor a la vida; *«Je veux pas mourir encore»*, decía Chernier y lo llevaban al cadalso... En fin, yo no quiero morir. Si tengo que morir, morimos, pero creo que siempre hay algo que hacer. Me horroriza pensar que al cabo de mi vida terminaré convirtiéndome en polvo en algún cementerio. Morir es no recordar; la lucha contra la muerte se libra a través del recuerdo.

El 16 de noviembre de 1970, rodeado de periodistas amigos y sentado en su mecedora en el jardín de La Azotea, Haedo falleció. Un par de horas antes le había pedido al pintor Carlos Páez Vilaró, que se encontraba de visita, que lo acompañara a rezar en la capilla de La Azotea ante la hermosa imagen de la Virgen del Este. «Fue la primera y única vez que a Eduardo Víctor Haedo le falló el corazón», tituló al día siguiente en su portada el diario *Acción* de la ciudad de Mercedes.

*Vinicius de Moraes*

**«Me quedo la noche entera.**
**Voy a esperar al amanecer.**
**Ese color rosa carajo**
**es mi preferido»**

—Quiero tener éxito en la Argentina y en el Uruguay. Y tú tienes la voz de terciopelo que estoy buscando —dijo Vinicius de Moraes al teléfono de María Creuza cuando la buscó como compañera para sus presentaciones en Punta del Este.

—Estoy por tener un bebe —contestó, con su voz de terciopelo, es cierto, la cantante bahiana, casada por entonces con Antonio Carlos.

—Fantástico, entonces ya tendremos quien nos aplauda —replicó Vinicius, que no veía ningún problema en que el chiquito naciera, si quería, en una pausa entre espectáculo y espectáculo. ¿Qué problema podría haber?

Pero las cosas no fueron tan sencillas y —madre al fin— Creuza puso un poco más de sensatez. Esperó el nacimiento de su hija Luana en Brasil. Quince días después debía estar en Punta del Este para cantar con Vinicius y Toquinho, que la esperaban. Desembarcó exhausta en Ezeiza y, en taxi, se trasladó hasta Aeroparque para volar hacia Uruguay. Ahí empezaron los problemas: era viernes, el lugar estaba saturado de turistas ansiosos y no había ya lugar en ningún vuelo. Nada. Llamó a Vinicius.

—Empiecen sin mí. Estoy agotada. No me siento bien y no puedo llegar —dijo al teléfono y al borde del llanto.

Desde ese momento, Vinicius decidió tratarla como a una reina:

—Tranquila. Todo andará bien. Voy hacer alguna cosa, llámame de nuevo en cinco minutos.

Desalentada, Creuza contó el tiempo en su reloj y se sintió mareada. Todavía estaba débil y sensible por el parto, sentía culpa por la beba que había dejado en Brasil con su padre, y se preguntó si todo aquello no era una locura. Volvió a llamar a Vinicius, decidida a decirle que se volvía a casa.

—Anota el número de vuelo —le dijo—. Sería bueno que te apures porque sale en 20 minutos. Y otra vez, si tienes un problema, no tardes tanto en llamar. Soy tu ángel protector.

Creuza corrió y tomó el avión. Pero su protector no era Dios: la mujer se descompensó en vuelo y su destino inmediato, apenas llegó a Punta del Este, fue el sanatorio Cantegril. Pudo haber sido grave. El *show* se canceló.

—Esto es un problema, doctor. Ella tiene la manía de mezclar *whisky* con agua de coco y jugo de ananá, y así le cae —dijo Vinicius al médico cuando entró en la clínica.

Y luego añadió, dirigiéndose a ella:

—Todo esto pasa por tener aquello mal cosido.

La internación de Creuza obligó a cancelar varias funciones ya vendidas. Nadie perdió la calma y, durante esos días, el sanatorio fue un jolgorio gracias a los comentarios de quien, para muchos, no era más que un ingenioso obeso que andaba vestido siempre como de entre casa y con enormes anteojos de miope. La celebridad de Vinicius en Punta del Este apenas empezaba.

## *Noche tras noche*

¿Cómo y a quién se le ocurrió hacerlo? ¿Quién tuvo la visión de convocar al monstruo de la *bossa nova* para que tocara su música en La Fusa, un rincón de la península que hoy, convertido en almacén, nadie reconocería?

La Fusa nació en el comienzo de la década del setenta, bajo el signo de la contradicción en una Punta del Este que crecía, como una isla dorada, en un país bajo la amenaza terrorista. Entre los artistas, esa paradoja se expresó en la fiebre del *café concert*, ese curioso género cuyo reinado disputaron por años en pública pelea Carlos Perciavale y Antonio Gasalla. Esa propuesta ofrecida en espectáculos que justificaban la incomodidad de las sillas o del apretujamiento del público por la calidad de los convocados sobre el escenario.

Pocos empresarios estaban dispuestos a financiar ese espinoso arte con carga social. Y así la estrechez hizo que el *café concert* sobreviviera a costa de imponer su propia y tácita regla de oro: cuanto más pequeño y falto de comodidades fuera el lugar, mayor era la calidad de la propuesta.

*En Punta Ballena, Vinicius de Moraes junto a Zulma Bennati de Terra, la esposa del escribano Daniel Terra, a quien el compositor brasileño confiaba el manejo de sus presentaciones en el Uruguay.*

*Una noche de bohemia puntaesteña: Vinicius y Toquinho junto a un grupo de amigos.*

*Ana María Bozzo de Moya junto a Vinicius en el restaurante Doña Flor, donde el músico brasileño recalaba siempre después de sus presentaciones en la península.*

*Vinicius junto al músico uruguayo Federico García Vigil y el escribano Fernando Tesouro, con otros amigos, luego de una de sus últimas presentaciones en La Fusa.*

*Un sonriente Astor Piazzolla en el* living *de El Casco, su casa puntaesteña.*

*El escribano Fernando Tesouro y el encuentro de dos grandes de la música de Buenos Aires: Eladia Blázquez y Astor Piazzolla.*

*El músico argentino y su característico gesto de cruzar su mano sobre el pecho, en una larga sobremesa con amigos en un restaurante del puerto de Punta del Este.*

*El Casco, el chalé que Astor Piazzolla le compró al embajador Gustavo Magariños.*

*La empresaria argentina Amalia Lacroze de Fortabat y su pasión por la pintura que también llevó a Aldebarán, su casa de Punta del Este. Aquí junto a* Duraznos en flor, *el cuadro del argentino Fernando Fader, una de las pinturas que decora la entrada a su apartamento en Buenos Aires. (Gentileza del diario* La Nación.*)*

*Los anfitriones habituales de Adolfo Bioy Casares en Punta del Este. El escritor posa junto a la gente de la librería Del Sol, uno de sus paseos favoritos en los atradeceres de verano.*

*El escritor argentino Adolfo Bioy Casares, cuando ya había transcurrido su mejor historia de amor en Punta del Este.*

*Adolfo Bioy Casares ya reconocido internacionalmente y uno de los huéspedes habituales del edificio Vanguardia.*

Se entiende, entonces, que el local que montaron en la Punta del Este de fines de los sesenta los argentinos Silvina y Coco Pérez no tenía por qué ser la excepción a la moda que crecientemente aceptaba la gente *bien*. En sus primeras temporadas pasaron por allí Nacha Guevara, Carlos Perciavalle, Susana Rinaldi, Horacio Molina y los Cardozo Ocampo, los músicos que solían tocar con María Elena Walsh.

Se convirtió en un éxito. Era uno de los pocos lugares de ese tipo que había por entonces en el balneario. Y desde el comienzo reunió a la gente más elegante y sofisticada del verano. Pronto hubo varios *habitués*: los argentinos Nicolás Peralta Ramos, Félix Alzaga Unzué, Jorge Figueroa, el uruguayo y por entonces poderoso industrial Pedro Sáenz. Muchas noches estaba allí Silvina Bullrich, la incansable cronista de todo lo que valía la pena contar de Punta del Este. También solía verse a los orientales Carlos Páez Vilaró y Aureliano Rodríguez Larreta junto con su esposa, Teresa Volonté.

Y enseguida se convirtió también en un mito y en un lugar de iniciación cuando muchos tuvieron la sensación de que un verano en Punta del Este no era lo mismo si no se había ido a La Fusa. O si, por lo menos, no se decía que se había estado por allí. Y lo cierto es que, con el paso de los años y convertida ya en leyenda, son tantos los que aseguran haber estado en ciertas noches que, si fuera verdad, el local hubiera explotado por la presión de tanta gente.

¿Y qué es lo que realmente pasaba allí?

La respuesta tiene, por supuesto, dos niveles. Uno es el de los hechos comprobables y formales. El otro es el de la magia y el del juego, donde todo vale y los relatos no son siempre coincidentes porque vienen cargados con la emoción de quienes los vivieron.

Silvina, la productora, se entusiasmó tanto con el éxito de Vinicius en La Fusa de Punta del Este que lo contrató para una temporada más larga en la sucursal de La Fusa en Mar del Plata, en el barrio de Playa Grande. La *boîte* se montó allí en un fantástico palacete Tudor que había pertenecido a la familia Zuberbuhler. Esa casona de principios de siglo cayó bajo la piqueta hace veinte años y durante otros cinco el terreno que ocupó no fue otra cosa que un baldío vergonzoso en la cotizada zona. Otro misterio de los tantos que suelen guardar las villas de verano.

*Obsesiones extrañas*

¿Qué tiene de atrayente una bañera?

Para Vinicius eran irresistibles: le bastaba ver una para sentir de inmediato incontenibles deseos de pasar horas acunado en su humedad con vaya a saber qué remota remisión al comienzo de la vida.

Así, hay dos bañeras en Punta del Este que saben casi tanto de él como un confidente: una en Casapueblo, donde fue acogido por Carlos Páez Vilaró. Y la del único baño de Orfeus, la que fue su casa en Punta del Este.

Esa relación fue una de sus historias secretas pero no por ello excluyente. Arquímedes ganó un espacio en la física gracias a sus horas en la bañera y la historia sabe que otro tanto le ocurrió, en otro siglo y en otro continente, a Jean Paul Marat, uno de los jacobinos de la Revolución Francesa.

Extraña costumbre que en su caso se convirtió en hábito. En sus últimos años, Vinicius tomaba baños cada vez más largos, algunos de hasta más de diez horas.

—¿Qué hacés allí? —preguntaba con angustia la voz de Marta Rodríguez cada vez que, del otro lado de la puerta blanca del dormitorio que compartían en Orfeus, la argentina percibía al brasileño sumergido en las aguas.

—El mundo me gusta más así —respondía Vinicius desde el agua. Cruzaba una tabla e instalaba allí su máquina de escribir portátil, un teléfono de hilo largo, una botella de *whisky* y un balde de hielo. ¿Qué más podía precisar?

Y mientras el músico se amparaba en la intimidad de azulejos blancos, en el estar de la casa, Marta, la séptima de sus nueve mujeres oficiales, rezumaba presagios y se preguntaba si no sería la misma muerte la que rondaba a ese extraño compañero suyo.

—Basta ya, vamos a dormir, Vinicius... —rogó una noche de enero Toquinho. El amanecer había llegado y el músico ya no podía tenerse en pie. Tan joven y delgado, sobre el escenario parecía el hijo de Vinicius. Pero no bien lo dejaban, cambiaba de papel y más parecía el padre del poeta. El que lo retornaba a la tierra.

Una relación, la de los dos, enriquecida por el talento y el respeto mutuo. Pero esa noche Toquinho sentía que seguirle el ritmo lo ponía al borde de sus posibilidades.

—Vinicius, tú tienes más resistencia que yo —se confesó Toquinho en el ruego—. Estoy agotado, basta ya.

Pero el poeta no oía ni quería dormir. Habían dado dos funciones. Luego, arrastró a unos amigos al restaurante Doña Flor, donde Ana María Bozzo, su dueña, los esperó con lomo Strogonoff preparado por ella misma. Tocaron y cantaron hasta las cinco de la mañana, en que en el cielo se empezó a adivinar la luz del amanecer, que Vinicius describió como de color *rosa carajo*, su preferido en el arco iris. Esa luz se cuela hoy todavía, cada mañana, a través de los enormes árboles que rodean Doña Flor, una de las primeras casas que se modificaron en Punta del Este para albergar un restaurante entre sus paredes.

Pero la jornada no terminó allí. Volvieron a la zona de Cantegril, a Orfeus. Vinicius corrió para el baño, llenó su bañera y se zambulló, con Toquinho delante, contemplando el joven la desnudez completa de ese cuerpo desmesurado.

Paciente, el guitarrista cubrió la tapa del inodoro con una almohada y se resignó a vivir horas de maratónica creatividad. Esa noche los dos hicieron, entre el aroma a lavanda de los desinfectantes y del *whisky* que corría, los borradores de varias canciones. Su casamiento artístico quedó consumado.

Pero el extraño rito del baño fue para el músico no sólo eso. Fue también su refugio último. Vinicius murió en 1980, camino a los 67 años, acostado en su bañera.

## *Y éste es mi amigo Toquinho...*

Hasta los popularísimos Les Luthiers hicieron leña con la relación que tejieron Vinicius y Toquinho en los tiempos de La Fusa. En su celebrada *Bossa nostra*, interpretada por el caricaturesco guitarrista «Lampiño, nacido en Bahía, en Bahía Branca», trazan una parodia de la forma en que Vinicius introducía a su acompañante en cada *show* de La Fusa. Se demoraba en sus antecedentes, su nacimiento en San Pablo, su carrera en Europa junto a Chico Buarque. E invariablemente comenzaba con las palabras: «Y ahora, mi querido amigo Toquinho, que voy a presentar a todos ustedes...». Expresiones de respeto, de afecto. Y de orgullo.

La otra historia tiene ingredientes adicionales. Como que Toquinho se sumó al espectáculo después de que, por un asunto de mujeres, Vinicius se distanciara de su socio original, el guitarrista negro Dori Caymmi. Sucedió que en la conflictiva separación de la que fue la sexta esposa de Vinicius, Cristina Gurjão, Caymmi se identificó con el reclamo de la mujer. Y eso para Vinicius fue letal. Con Creuza ya comprometida, canceló a Caymmi. Tenía que llamar a alguien en su reemplazo y decidió convocar a Toquinho, quien con su talento no sólo evitó que el *show* —y la leyenda de La Fusa— naufragara en el lío que había armado el carioca sino que se convirtió, además, en amigo y apoyo personal del enamoradizo poeta.

«Poeta, poetita, compañero», le cantó junto a Chico Buarque en la *Samba para Vinicius*, que alguna vez hizo que Toquinho transpirara temiendo que, ante el giro de las cosas, ese gesto de cariño terminara por ofender a su amigo de tantas horas. Todo porque el calificativo *poetita* es un diminutivo en el que podría llegar a leerse —sólo con una interpretación malintencionada— un sentido peyorativo.

—¿Eso de *poetita* le molesta? —le preguntaron una vez, ante el trato de poeta menor que cosechó en ciertos círculos brasileños.

—Me gustan los diminutivos. Nada que venga en pequeño puede hacer daño —contestó Vinicius tras sus redondas gafas de asombro.

Hoy, desde la intimidad de su casa de Rua Augusta, en el Barrio Jardín de San Pablo, Toquinho no duda en catalogar esos tiempos como los mejores que compartieron.

—Punta del Este fue el principio de todo. De nuestro dúo, de nuestra amistad. Para mí, de una nueva etapa de vida. Había encontrado un compañero fijo, un gran poeta, y Punta del Este era un poco la libertad, un lugar muy lindo donde conocí a mucha gente y pude acompañar el florecer de la juventud.

—¿Cómo eran esas noches?

—Trabajábamos en la madrugada. Después de La Fusa, tocábamos hasta las seis o siete de la mañana, en que llegaba el rosa del nuevo amanecer. Cambiábamos el día por la noche. Todo el principio del dúo, en Punta del Este, fue así. Hablo de los primeros años del setenta, hasta el 73.

—¿Qué canciones compusieron allí?

—Muchas. En realidad, gran parte de nuestro repertorio nació de esas noches compartidas. Entre ellas, *Como dizia o poeta, A modinha*, con Chico Buarque, son todas de la misma época.

—¿Qué pasó después de La Fusa?

—Esa fue una época importantísima, uno de nuestros momentos más creativos y de mayor encuentro personal. El éxito profesional vino después, pero se gestó allí.

—¿Alguno de los dos se enamoró en Punta del Este?

—Yo sí. Se llama Patricia, es argentina. Fue muy importante en ese momento y hoy es una gran amiga. Tal vez ella esté en alguna canción. Era muy joven en esa época. Y tenía una perspectiva de libertad muy grande.

—¿Y Vinicius?

—Él estaba siempre casado y, mientras estuviera enamorado, era hombre de una sola mujer. Por lo que hablábamos en esas madrugadas, sé que él creía que después de que el amor terminaba, ya no había traición.

Los 33 años que los separaban no fueron obstáculo para que su asociación de 11 años fuera algo así como juntar el hambre con las ganas de comer: cerca de mil espectáculos juntos, 110 temas grabados.

## *Cada segundo como nunca más...*

Pero la vida no es una cuenta sin fondo y Vinicius la derramaba como vino que cae de la copa. Ya años antes de morir se estaba matando y parecía empeñado en el intento, como si la muerte fuera parte de la vida que amaba con locura.

Eso cuentan tres amigos que cosechó en Uruguay. Y es curioso comprobarlo: a 18 años de su muerte, no sólo ninguno de los tres pudo olvidarlo sino que tienen tan fresco el recuerdo que podría pensarse que el brasileño aparecerá en cualquier momento tras la puerta para decir: ¿Vamos a dar una vuelta hasta la playa?

«La amistad es el amor... sin sexo. No lo necesita», solía decir Vinicius. Y eso quizá sirva para explicar una amistad tan fuerte entre temperamentos tan disímiles. ¿Qué hacía un músico enamoradizo y bohemio con un médico que le pedía moderación en hábitos, comida y bebida, como Rodolfo Tálice? ¿Qué hacía un desmesurado fabulador con un escribano que rinde culto a la palabra precisa y al sentido inequívoco, como Daniel Terra? ¿Qué encontraba el pícaro intérprete en Ana María Bozzo, quien se sorprendió la primera vez que el músico irrumpió en su restaurante pese a que se presentó allí precisamente porque la dama lo había invitado?

Hoy sí los tres tienen algo en común: Vinicius pervive en su recuerdo como un soplo de aire fresco. Como un abrazo que los enriqueció con un lenguaje y una forma de ser diferentes. Con el afecto que más prospera cuanto más distintos son quienes se lo prodigan. Y que, para eso, tuvieron que comprender hasta lo incomprensible.

Vinicius no sólo tenía sus amigos en Punta del Este. También su circuito: empezar pasado el mediodía, cantar en algún lado. La noche. Las comidas en Doña Flor. El mar visto desde la zona del puerto. El amanecer.

Con sus escenarios y su gente, tejía su pequeño mundo.

—¿Esto es lo que quería que viera, Vinicius? —le preguntó Tálice una noche de marzo de 1980, en que ambos se citaron en la mesa de siempre, en Doña Flor. El músico le extendió un grueso sobre de papel manila con una serie de análisis clínicos que le habían practicado en Brasil y que quería consultar con su médico.

El doctor Tálice se concentró en los resultados. Afuera, la noche volvió a sus ruidos de bosque y, en la mesa, el cuerpo obeso de Vinicius se impacientó: había ordenado una enorme paella para compartir con su amigo. Todo deseo de hablar sobre lo que había en el sobre lo había abandonado. Su mirada iba de la puerta de la cocina al cenicero, a la botella de vino francés que esperaba sobre el mantel. Sentía ya en el cuerpo el cosquilleo del placer anticipado.

El médico también tuvo su cosquilleo cuando terminó de leer el desalentador informe sobre la salud de su amigo. Pero, con rostro sereno, intentó ocultarlo cuando bajó las hojas y las dejó sobre el mantel.

De nada sirvió. Vinicius tragó una enorme cucharada y dijo:

—Eu entendo, doctor, mais a paella me chama, e eu não posso dizer que não.

Y luego, en una caricatura de su propia solemnidad, levantó la copa de vino y dijo en francés:

—Qui ne risque rien, n'a rien.

Jugó todo a ganador. Así le gustaba.

Años después de aquella noche, Tálice dio su visión del asunto.

«Yo, más que darle consejos, le sugería cómo cuidarse. Pero él no cumplía nada. Era consciente de que estaba despedazándose. Se estaba suicidando». También recordó una de sus recurrentes conversaciones con el músico. A partir de una pregunta del médico, transcurrían más o menos así:

—Mi estimado Vinicius, ¿por qué sigue haciendo con su salud lo que sabe que no debe hacer?

—Porque quiero mucho a la vida, que me hizo así. Yo sé que no me va a acompañar muchos años, pero serían menos si cambiara ahora.

—Usted me consulta. Yo lo observo, lo examino, lo aconsejo. Y usted, amigo, no me promete sino pensar un poco... ¡Y esperar mucho!

—Créame, doctor, amigo mío, confesor mío. Cuanto me dice me entra aquí —y se señalaba el pecho— y queda allí, y se mezcla con mis canciones y cuando estoy triste escucho nuevamente sus palabras de afecto y me siento mejor. Pero no me pida cuentas.

—Intento entenderlo. Pero dígame, ¿qué es lo que más le importa en la vida?

—Todo. La música, las voces bondadosas, la juventud de las mujeres, los sonidos agradables de la noche, cuando ya es muy noche. Pero soy un hombre pesaroso, un resignado en busca de alegría.

Así rememorado, el espíritu de la conversación se sintetiza en la invitación que Vinicius cantaba en La Fusa, con su voz espesa acoplada sobre el timbre caliente de Creuza: «La cosa más divina que hay en el mundo es vivir cada segundo como nunca más». Tal la estrofa final de *Tomara*, una de las pocas canciones que le pertenecen no sólo en letra sino también en música.

El poeta sabía lo que decía. Tálice también: Vinicius murió cuatro meses después de aquella conversación en Doña Flor.

No fue casual que el brasileño eligiera ese restaurante como su base de operaciones. Se movía por afectos y allí tenía a Ana de Moya, una amiga con la que entabló relación en 1974.

¿Cómo empezó todo? Muy simple. Por entonces ya había pasado la época de La Fusa y él tocaba en la *boîte* Le Carrousel del hotel San Rafael. Para estar más cómodo, alquiló una casa en las cercanías y próxima, también, a Doña Flor.

Pero antes de que la temporada empezara, un problema de salud obligó a Ana María a pasar largo tiempo internada en un sanatorio de Montevideo. Para animarla, su padre le regaló el primer disco que Vinicius grabó en La Fusa que funcionó en el palacete Tudor de Mar del Plata. Se lo llevó al sanatorio con tocadiscos y todo. Ella estuvo horas y horas escuchándolo, mientras esperaba el momento de regresar a su casa, junto a su marido y sus tres pequeñas hijas: Josseline, Dominique y Denise. Le encantaba: tarareaba las canciones y, en cama aún, sentía deseos de levantarse para bailar. Sin conocerla siquiera y mucho menos sospechar que algo así podría pasar, el brasileño ayudó a que se restableciera. Ella nunca lo olvidó.

Por el contrario, una vez repuesta, se instaló en San Rafael. El jardinero cortaba unos geranios cuando de pronto interrumpió la tarea y le dijo:

—Aquí a la vuelta está viviendo Vinicius. Ése que canta la música que usted escucha todo el día.

Ella no perdió tiempo. No sabía qué iba a decir pero, de todos modos, se presentó en el chalé de su talentoso vecino. Una mucama le abrió la puerta:

—El señor duerme. ¿Cuál es el mensaje?

—Sólo un saludo y, si desea, que lo esperamos algún día por el restaurante. Será un placer —dijo Ana, sin mucha esperanza de que las palabras llegaran a oídos del brasileño.

Pero la vida tiene vueltas. Esa misma noche, un cuerpo enorme empujó la puerta de Doña Flor.

—¡Hola! ¡Estos son mis amigos! —dijo Vinicius, como quien entra en su casa. Un paso atrás lo seguían Creuza y Toquinho.

Hubo un súbito silencio de tenedores, de vasos y de conversaciones. La dueña de casa no pudo decir nada.

Vinicius quedó perplejo:

—Perdón... Me dijeron que estaba invitado a comer. Y vine con mi gente.

Todavía sorprendidos, Ana María y su marido, Pedro Javier Moya, sonrieron y extendieron los brazos. A partir de esa noche y por mucho tiempo, todo se dio vuelta en el restaurante. La casa quería cerrar, pero nadie se iba: ni los mozos, antes apurados por terminar su turno. Ni los cocineros. Ni los clientes. Había luz hasta tarde. Sonaban las guitarras. Un cajón de madera se convirtió en bongó y se golpeaban botellas de vidrio tratando de imitar el inigualable sonido de la cuerda en el *berimbau.* Todos pedían otra ronda. Hubo gente que escuchó, se acercó a la ventana y, al ver la fiesta, entró sin llamar. Vinicius cantaba, por supuesto: «La cosa más divina que hay en el mundo es vivir cada segundo como nunca más».

Y en esas noches que se prolongaban hasta el amanecer, hasta que el negro del cielo dejara paso al *rosa carajo*, nadie ponía en duda semejante convicción.

Al calor del canto la amistad creció. Y se convirtió en cotidiana.

Una tarde, Vinicius asomó la cabeza por el portón de Doña Flor:

—Ana... ¿me puedo llevar a las chicas por un rato?

Las manos de las pequeñas Josseline, Dominique y Denise abandonaron triciclos y muñecas y se aferraron al voluminoso cuerpo de aquél que rápidamente adoptaron como tío.

—¿Adónde piensan ir? —preguntaba Ana.

—¿Adónde vamos? —preguntaban las pequeñas. Sólo un sargento podría haberlas privado de una vuelta con su querido y extravagante tío postizo.

—Es que me invitaron unas señoras brasileñas muy mayores a tomar el té a su casa. No sé de qué vamos a hablar. Y la verdad, sólo tus hijas pueden rescatarme de semejante aburrimiento. ¿Nos vamos?

Y ahí partían los cuatro, enlazados como camaradas, rumbo al caserón de San Rafael que los esperaba para cumplir una visita social... súbitamente devenida en fiesta infantil.

Cuando se tienen amigos y el corazón lleno, se tiende a creer que la alegría es para siempre. En una de esas tantas tardes de playa, verde y risa, Ana María y Pedro Javier encontraron la casa que hoy alberga a la elegante posada La Posta del Cangrejo, en la Barra de Maldonado. Decidieron comprarla.

—Esto será ideal para Vinicius —dijeron los dos, casi al mismo tiempo.

Pero su inolvidable amigo nunca llegó a conocerla. El cielo *rosa carajo* lo llamó antes.

Hay más casas en Punta del Este que hablan de Vinicius.

—Danielito, ¿vamos a tomarnos un gincito? —decía su voz al teléfono del escribano Daniel Terra, el hombre que no sólo manejaba sus asuntos en el Uruguay sino que, acostumbrado a la precisión de la palabra, se había convertido en fiel audiencia de las historias que, sin cansarse, narraba el brasileño.

—¿Te conté ya sobre las tribus africanas que se persiguen unas a otras hasta cortarse la lengua...? —preguntaba Vinicius.

—Me tengo que ir al estudio.

—Pero no vayas hoy, Daniel. Vamos a tomar unos gincitos.

Años después, Terra confesó sin vueltas: «Mi profesión es metódica y rutinaria. Vinicius me cambiaba la vida».

Y junto con su esposa, Zulma Bennati, lo definieron como el hombre más educado, sensible, culto y bueno que hayan conocido.

«Muñeco querido...», empezaban las cartas que, con prolija letra, le enviaba el brasileño a Terra confiándole sus asuntos, desde los papeles de su casa hasta la negociación de un contrato para La Fusa, para el Solís de Montevideo o para la televisión.

«Tú ve lo que puedes hacer y cuánto nos pueden pagar. Pero nota lo siguiente: *yo iré de cualquier manera.* Con o sin Fusa, con o sin plata, con o sin Dori Caymmi. Pero eso guárdatelo...», se confesaba el carioca, puesto en cuidada caligrafía el placer que le causaba pensar en regresar una vez más a Punta del Este.

La vida está llena de coincidencias. Ese mismo verano en que los Moya encontraron un nuevo lugar en la Barra de Maldonado, Terra y su mujer terminaban de construir muy cerca de allí una casa de veraneo. Y, al igual que ellos, pensaron en su amigo brasileño y, para demostrar ese afecto, la bautizaron De Vinicius. Y también soñaron con largas temporadas junto a él frente al mar.

Ya se sabe: Vinicius no pudo llegar nunca.

«Jamás pudimos compartir su estilo de vida. Pero, de algún modo, para nosotros, esa casa siempre tuvo algo de su magia», dijeron.

El chalé ya no es de los Terra. Hace unos años fue vendido a un conocido político del Partido Blanco. Pero el cartel sigue allí, haciendo su propia música cuando lo sacude el viento.

## *Un hombre y una mujer*

Es hora de hablar de su *bossa nova.*

Hombre de mil rostros sin perder por eso el propio, Vinicius podía ser una cosa. Pero también podía ser otra. Reconocido inicialmente como poeta, la primera vez que su nombre rodó por Occidente fue por una obra que no tiene letra alguna: el popular *samba* que se tararea como música de fondo en la película de Lelouch *Un hombre y una mujer.*

¿Qué fue allí del autor de poemas?

Tenía como poeta un prestigio cierto pero restringido. Eso cambió con su vida como compositor: dos de sus temas, ese *samba* y

*Garota de Ipanema*, que escribió junto a Tom Jobin, entraron en el imaginario colectivo de nuestro fin de siglo. Una melodía es popular cuando —en caso de que alguien la entone sólo por casualidad, o la escuche desde la ventana de un vecino o como música de fondo en un restaurante— sea capaz de seguirla, rescatándola como si fuera propia de algún recóndito lugar de la memoria.

Cuesta imaginar que eso no ocurra con las dos canciones más difundidas de Vinicius. Y ya con eso, nuestro hombre podría considerarse afortunado. Si se lo piensa bien... ¿qué expresión brasileña puede ser más conmovedora que su música?

Mezcla del *jazz* norteamericano con el *candomblé* de Bahía, en el estado de Pernambuco, el nuevo ritmo buscaba el punto de fusión entre los cultos de posesión rendidos a los dioses africanos, donde los negros brasileños se expresan de modo espectacular, y el canto de los negros esclavizados que cosechaban algodón en el sur de los Estados Unidos.

La misma raíz, el mismo dolor. Una esperanza.

La historia ubica su nacimiento en la década del cincuenta y por esa misma época comienza el auge futbolístico brasileño. Una época de pasión deportiva y posmodernismo: la juventud que se adueña del nuevo ritmo es la misma que se entusiasma con la pintura abstracta, el cine italiano de la posguerra y la literatura existencialista. Y la forma de *samba* en que se expresó facilitó mucho su captación por el público extranjero y eso disparó la gran difusión más allá de Brasil.

## *Un vaso, un cigarrillo, una voz tranquilizadora*

Pero, ¿quién está detrás de Vinicius?

Muchos saben quién es, pero pocos conocen su historia.

Fue un hombre de múltiples caras. Diplomático de 24 años de carrera —siete años en París, cinco en Los Ángeles, otros en Montevideo—. Poeta, periodista, compositor, Vinicius se movió en varios terrenos y finalmente eligió aquél en el que parecía sentirse más confortable. Y una vez hecha la opción de vida, volvió a elegir para definir el modo en que se relacionaría con la música sin saber, seguramente, que en esa decisión íntima y personal se gestaría una de las expresiones musicales características de los setenta.

Mucho antes de eso, cuando tenía 19 años, comenzó su carrera literaria. Ganó premios. Luego, con su composición musical para la película *Orfeo negro*, se supo de su otro talento. Comprendió que podía buscar más cosas y procuró nuevos territorios en la composición de letras.

Se educó en los mejores colegios de su país y pasó después dos años en Oxford, lo que le valió no sólo contacto con la literatura inglesa sino el dominio de la lengua. Pero no era el inglés su segundo idioma sino el francés. Y tan asimilado lo tenía que a él apelaba en sus espectáculos cuando no encontraba una palabra en español.

Y aquí hay un tercer Vinicius: no sólo el compositor sino también el *showman*. Tan fácil de describir como de caer en el estereotipo: un vaso, un cigarrillo, una voz tranquilizadora. Todo parecía tan informal, su risa en el micrófono como la de una vieja corneta. Detrás del grueso cristal de los anteojos de armazón oscuro, su miopía se interesaba por el rostro del público. «Ustedes me van a comprender», se disculpaba en su español arrastrado. Gozaba en la intimidad de La Fusa como si se tratara de una reunión de amigos.

El *show* era una combinación perfecta de poquísimos recursos y mucho clima. Pocas veces, es cierto, abandonaba el vaso de *whisky*. Tampoco el cigarrillo. Y mucho menos, la voz dulce, serena. Alrededor de estos elementos componía su número. Se movía sin precipitaciones, y con una actitud de dominio, transmitía la sensación de que algo importante estaba ocurriendo.

Aparecía familiar, vestido como con descuido: una remera y un collar folklórico alrededor del cuello. El *café concert* de Vinicius fue un mito logrado sobre la economía de recursos: leía una carta dedicada a algún amigo, a un poeta. Recitaba un poema suyo traducido al español. Un comentario. Una broma. Un buen manejo de luces. No pasaba mucho más y eso a él le sobraba para establecer un contacto de corazón a corazón.

Todo lo demás es obra de sus canciones. Especialmente de las favoritas: desde la popularísima *Garota de Ipanema*, la húmeda melancolía de *Felicidad*, *Berimbau*, *Canto de Ossanha*, *Samba en preludio*. O la sentida *Se todos fossem iguais a você*. ¿Cuál de todas fue la que tocó primero el alma de la gente que lo escuchó cantar?

## *Orfeus, su casa en la península*

Hablaba de Punta del Este cuando estaba cansado y en otro lugar. «Tengo una pequeña casa en la playa, en Uruguay. Y es un sitio que me gusta mucho. Es posible que en algún momento me retire allí por un tiempo.»

Y, como las otras casas, la que fue suya habla por él. Un típico chalé de los años cincuenta, sin nada que lo haga especialmente atractivo más allá de su aparente deseo de querer escaparle al bosque. Dos dormitorios, un baño, un cuarto de servicio al fondo. Sin ninguna pretensión en el estilo, como si confiara su forma a quienes lo habitaron.

Alguna vez estuvo a su nombre: Marcos Vinicius Da Cruz De Mello Moraes. Luego fue de una de sus mujeres. Después cambió de manos y todavía está allí, tras el mismo sendero que avanza entre el pequeño jardín de pinos que hay delante y por el que Vinicius caminó cada noche, mientras fue suya.

La bautizó con cariño, Orfeus, por el nombre de la película *Orfeo negro*, a la que él le puso música.

Fiel afecto para una relación que no empezó bien. Pocos saben que el vuelo en que Vinicius vino por primera vez al Uruguay, allá por 1949, pasó trágicamente a la historia. Llegó en un avión que piloteaba Lionel D'Marmier. La máquina perdió una hélice en vuelo y terminó cayendo en la Laguna de Rocha. Vivir eso y ver cómo el pasajero que estaba delante de él perdía las dos piernas, amputadas por una de las aspas, fue suficiente como para que les tomara pánico a los aviones y durante mucho tiempo evitara abordarlos.

Ésa es parte de la historia. Apenas el comienzo. Porque el desarrollo supo de todos los amigos. De las noches hasta el amanecer. De mucho mar y menos sol.

—El mar nuestro le gustaba con locura, pero no iba mucho a la playa. En su propio reloj biológico, necesitaba más rayos de luna que de sol —recordó el escribano Terra.

¿Otros hábitos?

Terra cuenta más cosas:

—Parecía un hombre que siempre se divertía. Pero también caía en estados melancólicos. A veces iba a buscarnos para ir al puerto de noche. Tenía pasión por quedarse horas mirando el mar sin sol. Un día me dijo: si yo no fuera quien soy, me hubiera gustado ser mar.

Pero no fue mar. Ni tampoco se quedó. Nunca hizo realidad el declarado anhelo de retirarse un tiempo en Punta del Este, aun cuando en los últimos años confesó que estaba cansado. «Los espectáculos son tantos y hay que viajar tan incesantemente que no da tiempo para otra cosa.»

En esa vida trashumante, le debe a la casa de la península el haber sido tierra de encuentro con sus afectos de sangre. Georgeina de Moraes, una de sus hijas, recordó que fue allí donde por primera vez convivió a solas con su padre durante un tiempo largo. «Porque después —dijo— Vinicius era de todos.»

Fue en el verano del 76. «La nuestra no es una familia fácil, con hijos de diferentes madres. Pero todos tenemos algo que es de él. En mi caso, creo que se trata de una bohemia, un lado de humor. Nosotros nos reíamos mucho juntos.»

Georgeina es una de las hijas del medio de Vinicius. Nació en Rio en 1953, vivió luego en París y muy pronto sintió el llamado de la música.

Fue intentando suerte en ese resbaladizo terreno que la joven siguió a su padre al Uruguay:

—Yo forcé el viaje —recordó—. Tenía mis instrumentos de percusión y le dije que podía acompañarlo en su *show* con Toquinho en Punta del Este. ¡Quería tanto estar con él! Y una forma de hacerlo era participar de su vida, de sus espectáculos. Cuando terminó la temporada de verano, seguimos juntos a Europa. Para mí, todo eso fue como ir a Disneylandia. Era todo junto: estaba con mi padre, viajando, conociendo grandes personas y ganando mi dinero.

—¿Cómo incidía la geografía, el ambiente en su relación con Vinicius?

—Estuvimos juntos en muchos lugares. Pero no era lo mismo que aquí. En Punta del Este él se sentía en casa y así lo hacía sentir a los demás, inclusive a mí.

## *El deseo de volver*

El tiempo transcurre, ya se sabe.

Pasó casi un cuarto de siglo desde la última vez que Vinicius tomó una guitarra y cantó en La Fusa. Irreconocible, hoy el local apenas sabe de ese pasado. Si se suben los seis escalones de piedra que hay en la planta baja del edificio Isla Gorriti, en la parada 10 de la Mansa, herido de olvido, un cartel deja leer lo que reemplazó a las noches de bohemia: «Rotisería Lorena», dice en letra cursiva, colorada, sobre fondo blanco.

Otro tanto sucede con Orfeus, la casa que fue suya. Y que ya no es tan remota ni se siente en ella, como entonces, la amenaza del bosque y de sus ruidos, escuchados desde el vaivén de una mecedora que proyectaba sus sombras según jugaran con ella los destellos de alguna luz en la galería.

El tiempo transcurre pero no se lo lleva todo. La gente vuelve alguna vez sobre sus huellas. Toquinho, el fiel compañero de Vinicius, no desatendió la invitación que recibió de su propio pasado y, hace poco, recorrió otra vez los sitios que fueron suyos cuando los dos cantaban juntos en La Fusa. Ocurrió durante el invierno de 1998, en que el músico con su guitarra llegó a Punta del Este para un *show* en el hotel Conrad.

No fue fácil, al principio, hablar con él sobre los comienzos. Detallista hasta perder el sueño, estaba demasiado absorbido por los preparativos de su nuevo espectáculo: las pruebas de sonido y la sorpresa al comprobar, justo antes de salir a escena, que la mayoría de su público promediaba los cincuenta años. Gente que ya lo había visto en esa misma playa, en La Fusa.

Los recuerdos llegaron a la piel de ese Toquinho —el mismo bigote, menos rulos, algunas canas—. Alto, flaco y, gracias al esfuerzo en las máquinas de un gimnasio, no tan desgarbado como aquel que se doblaba sobre la guitarra junto a Vinicius. Su representante, Genildo Fonseca, es de ésos que no pierden la calma y fue quien se las ingenió para acordar la conversación.

«El tema es Vinicius», dijimos.

Apenas unos minutos antes, su guitarra había vuelto a tocar las mismas canciones que fueron del dúo. Con el entusiasmo fresco, la gente lo aplaudió a rabiar, como si los 25 años que pasaron entre aquella vez y ésta no hubiesen sido más que un parpadeo. Como si Vinicius estuviera presente. Como si la emoción fuese una y compartida por todos.

*Saudade* fue la palabra que, a partir de ese momento, repitió Toquinho frente a un público que se dejaba llevar, tan íntimo como el que encantaba Vinicius con su voz serena.

—Ojalá yo pudiera volver... —dijo Toquinho de pronto, dejando escapar un deseo. El público, fiel, pidió que lo hiciera realidad. En La Fusa, otra vez. Y por una noche, todos los creyeron posible.

A la confesión siguió un silencio. Se llevó la mano a la cabeza. Se acarició los rulos. Luego dijo:

—¿Saben de qué me acuerdo ahora?

Hubo otro silencio. Y contó:

—Fue aquí mismo, en Punta del Este, pero hace más de dos décadas. Habíamos comido y bebido en un restaurante con Vinicius y con María Creuza. Ya nos íbamos cuando, de pronto, mi amigo se dirigió a los mozos y les preguntó:

—¿Cómo? ¿Todavía no vinieron a vernos al *show*?

—No, señor. Trabajamos todos los días hasta que termine la temporada. No podemos ir.

—¡Ah, bueno! Entonces traemos el *show* acá y listo. Mañana venimos con toda la *troupe*. Prepárense para bailar *bossa*...

Alguien interrumpió:

—¿Y así termina la historia?

—No. Me resta decir que Vinicius no faltó nunca a una de esas citas. Siempre se llegó para comer y cantar.

Eran otros tiempos. Felices, en el sentido que él mismo le dio al término en la canción: «La felicidad es una cosa loca. La gran ilusión del carnaval. La gente trabaja por un momento de sueño, para cumplir la fantasía de ser pirata, poeta o jardinero. Y todo se termina al cuarto día».

Fue poeta. Un tipo lindo. Un soñador que prefirió desembarcar del tranvía especial del mundo aristocrático para bañarse en el alma popular. La tristeza no tiene fin. La felicidad sí.

Falleció el 9 de julio de 1980.

*Astor Piazzolla*

**«Porque estoy enamorado de ella,<br>cerca de Buenos Aires<br>y lejos de los que no quiero ver»**

—Don Gustavo, tengo un comprador para su casa —dijo por teléfono el agente inmobiliario Daniel Orozco aquella fresca tarde de marzo de 1981 al entonces embajador uruguayo en Bruselas Gustavo Magariños y agregó—: ofrece 260 mil dólares, 160 mil a la firma y 100 mil a pagar dentro de un año.

—No es una oferta tentadora —replicó Magariños, quien por esos días se encontraba en Montevideo—. Además, usted sabe que yo no estoy muy convencido de vender El Casco —añadió.

—Es una buena oferta, embajador —señaló Orozco, y como para seducir y halagar al diplomático uruguayo cuya admiración por el tango era conocida por el intermediario, manifestó—: es Astor Piazzolla quien quiere comprar su casa.

De esta manera se iniciaron las negociaciones entre el diplomático oriental y el músico argentino. Orozco, desde Punta del Este y vía telefónica, transmitía a Magariños en Montevideo y a Piazzolla en Buenos Aires ofertas y contraofertas.

## *Un casa en medio del campo*

El Casco fue desde 1964 la casa de veraneo del embajador Gustavo Magariños. Allí, en los años en que no estaba en misión en el exterior, el diplomático uruguayo pasaba los veranos junto a su esposa, Ivonne Paganini, y a sus dos hijos: Gustavo y Rosario. Magariños, que había comenzado su carrera como diplomático en Londres en 1954 y que fue uno de los fundadores de la fenecida Asociación Latinoamericana de Libre Comercio (ALALC), compró el chalé al argentino Mauricio Litman, creador del Cantegril Country Club de Punta del Este. Litman, para tentar a Magariños a que adquiriera la propiedad, hizo gala de sus dotes de comerciante. No sólo le rebajó el precio sino que además le ofreció al diplomático oriental hacerlo socio vitalicio del entonces exclusivo Cantegril. Le propuso también que el reconocido jardinero Salaberry, responsable de los más hermosos y famosos jardines de las residencias que rodean al Country, le diseñara el parque de la flamante casa. Y, para terminar de convencerlo, le permitió elegir del vivero de Salaberry las plantas que más le gustaban. Obviamente, todo por el mismo precio. Un cedro azul y una magnolia que luego crecerían y darían un toque casi mágico al jardín de la casa fueron, entre otras, las plantas seleccionadas por Magariños y su esposa.

Ubicada en la parada 22 de La Brava, la casa forma parte de lo que hoy se denomina Rincón del Indio y que por entonces se conocía como Terrenos del Golf. En esos predios amplios y poblados de pinos y eucaliptos, el arquitecto boliviano Xavier Querejatzu edificó once chalés de similares características. El del embajador Magariños, de techo a dos aguas con tejas rojas, fue construido sobre una loma. Tenía entonces una amplia sala con una galería de madera, tres cómodos dormitorios, dos baños y dependencias de servicio. El amplio jardín de dos mil metros cuadrados, al que poco tiempo después el diplomático agregó mil quinientos metros más con la adquisición del terreno lindero, constituyó la enorme plaza de juegos de los hijos de Magariños. Pocos años después, cuando los niños se hicieron adolescentes y reunían allí a sus amigos en las noches de enero, al son de Los Beatles y de Los Náufragos, el parque se convirtió en pista de baile. El lugar desierto y agreste era en sí mismo un refugio dentro del paraíso: Punta del Este. Allí el canto de los pájaros en la mañanas y el coro de los grillos en la noches constituían la única compañía. «Se van a veranear a Rocha, al campo», les decían sus amigos a los Magariños, en alusión a lo lejana y despoblada que se veía la zona en aquellos años. Por esas chanzas el embajador bautizó su casa con el nombre de El Casco. «En verdad aquello era como vivir en el campo, en una estancia», recuerda hoy con un dejo de nostalgia el diplomático. Y agrega: «En esa época la vida de Punta del Este se concentraba exclusivamente en la península y la urbanización del balneario llegaba hasta San Rafael».

—Piazzolla ofrece 290 mil dólares por El Casco —comentó Magariños esa noche a la hora de la cena a su esposa y a su hija, luego que un par de horas antes Orozco le hubiera pasado la última y definitiva propuesta—. No es una mala oferta —agregó.

—A mí me da tristeza desprenderme de El Casco —replicó su esposa—, pero entiendo que no tiene sentido mantener una casa cerrada, que en los últimos años no hemos disfrutado y que tampoco lo haremos en los próximos veranos —añadió.

—Yo estoy de acuerdo contigo, papá, en que no es una mala oferta —comentó Rosario, que por entonces ya estaba casada y tenía 30 años—. Pero si te decidís finalmente a venderla, tenés que poner una condición —expresó.

—¿Qué condición? —preguntó Magariños.

—Que Piazzolla toque para nosotros y para algunos amigos nuestros *Adiós Nonnino*, en el jardín de El Casco —respondió Rosario, que había heredado de su padre el gusto por el tango y especialmente por la música de Piazzolla.

El 8 de abril de 1981, Astor Piazzolla, su mujer, Laura Escalada, el embajador Gustavo Magariños y su señora, y el agente inmobiliario Daniel Orozco se reunieron en el estudio del escribano Fernando Tesouro, en la calle Gorlero de la península, para firmar la compraventa de El Casco. Tesouro, que era un gran amigo de Piazzolla y un fanático tanguero, leyó en voz alta la escritura. Luego que terminó con el tedioso trámite, Magariños manifestó:

—Falta algo, escribano —el notario sorprendido miró al diplomático.

—Sí, ahí no dice nada sobre el concierto que Piazzolla debe brindarnos en el jardín de la casa, para mi familia y un grupo de amigos —afirmó.

—Es cierto —confirmó el músico argentino.

—Pero no puedo incorporar en la escritura una cláusula de esa naturaleza, no es de estilo —expresó Tesouro.

—Entonces firmemos un documento aparte —comentó Piazzolla, quien disfrutaba mucho, en un escenario y en la vida, saliéndose del programa establecido. Sin perder el sentido del humor, Tesouro se abocó entonces a redactar un documento que en sus pasajes fundamentales señala:

> En el día de hoy se firmó la escritura. Como obligación natural, el señor Astor Pantaleón Piazzolla Marenti, se obliga a dar un concierto junto a no menos de cinco integrantes de su conjunto en el jardín del *chalet* El Casco, para el señor Gustavo Magariños, su familia y un grupo de amigos...

## *Allá por los setenta*

Para rastrear las primeras actuaciones de Astor Piazzolla en Punta del Este hay que remontarse a enero de 1970, cuando el compositor argentino y su grupo integrado por cinco músicos más se presentó en el cine que por entonces funcionaba en la galería Sagasti de la avenida Gorlero. Lo acompañaba también Amelita Baltar. Remando contra la corriente, como era su costumbre, Piazzolla debutó en Punta del Este en una de las peores temporadas turísticas que vivió el balneario en su historia y en una época en que hacía furor el *café concert*, en las dos márgenes del Río de la Plata. Sin embargo traía en la manga una carta ganadora: el éxito impresionante de *Balada para un loco* y de *Chiquilín de Bachín*.

En 1970, el Movimiento de Liberación Nacional, Tupamaros, que actuaba como guerrilla urbana fundamentalmente en Montevideo y que vivía por entonces su momento de mayor auge, había prometido un «verano caliente» para Punta del Este. El anuncio de los tupamaros, cuyas acciones terroristas mantenían en jaque al gobierno del entonces presidente Jorge Pacheco Areco, ahuyentó a miles de argentinos que desde hacía décadas pasaban sus vacaciones en la península. Poderosos industriales, empresarios, comerciantes y políticos de la vecina orilla, por temor a ser secuestrados o sufrir algún atentado terrorista, dejaron de veranear con sus familias durante varios años en Punta del Este.

A poco de pisar territorio oriental, Piazzolla, que desde sus comienzos tuvo una gran hinchada en Uruguay, provocó deliberadamente un escándalo con unas declaraciones que formuló a los periodistas que lo aguardaban en el aeropuerto de Carrasco: «En materia de tango todo tiempo pasado fue peor». Con esta frase abrió la improvisada rueda de prensa y añadió luego: «*La Cumparsita* es el peor tango que he escuchado en mi vida». Y al mejor estilo de su compatriota Jorge Luis Borges, que muchas veces hacía declaraciones a la prensa para provocar polémica o simplemente para divertirse, respondió cuando le preguntaron su opinión sobre la orquesta de Mariano Mores: «Es igual a la de Francisco Canaro pero con más violines». Y para rematarla, cuando se lo interrogó sobre la nacionalidad de Carlos Gardel sostuvo: «No tengo dudas de que Gardel era francés, pero ¿qué importancia puede tener eso si total desafinaba?». Al día siguiente Piazzolla fue portada en los principales diarios uruguayos. Y en los programas de radio no se hablaba de otra cosa que de sus declaraciones. Todos se habían enterado de que estaba en Uruguay y actuaba en Punta del Este.

«Era un chico grande, muy chistoso y muy inquieto». Así lo recuerda hoy Amelita Baltar. La cantante argentina que llegó a la cúspide de su carrera artística en los años setenta, cuando era pareja del compositor, señala que la mayor fuerza inspiradora para Piazzolla era en aquellos años «saber que el mes próximo tenía cinco conciertos que brindar». Baltar, que convivió siete años con Piazzolla y que con su ronca voz hizo que *Balada para un loco* y *Chiquilín de Bachín* fueran dos de los éxitos discográficos más importantes y recordados de los años setenta en el Río de la Plata, señala que al autor de *Adiós Nonnino* era un hombre que «amaba muchísimo la vida y era un enamorado del mar de Punta del Este».

A su debut en la península en 1970 le siguieron, en años posteriores, varias presentaciones que fueron creciendo en escenario y en público a medida que su prestigio se consolidaba en Europa y por supuesto en Buenos Aires. Del pequeño cine de la galería Sagasti pasó a los jardines del Cantegril Country Club, luego al Centro del Espectáculo de la parada 3 de la Mansa, hasta culminar sus presentaciones en la costa uruguaya con un magistral concierto en la catedral de Maldonado acompañado por una orquesta de cámara en el que estrenó la *Suite Punta del Este.* No obstante, la península nunca fue una plaza que se dejara seducir demasiado por la música de Piazzolla.

Pero Punta del Este, con su desbordante naturaleza y con su magia, fue el lugar con el que Piazzolla comenzó a soñar desde aquel enero de 1970 para descansar, componer y vivir permanentemente algún día cuando abandonara los escenarios. ¿Qué cosas de Punta del Este hechizaron a Piazzolla, siendo él un hombre que había nacido junto al mar, en Mar del Plata, y que había ya entonces recorrido con su bandoneón a cuestas buena parte de este mundo? Se podría decir que el mar, los bosques y la paz del balneario lo sedujeron. Tal vez haya sido así, al menos en parte. Pero, sin lugar a dudas, entre Piazzolla y Punta del Este hubo un amor a primera vista. Y, como sucede entre hombres y mujeres, hubo una etapa inicial de deslumbramiento, a la que luego le siguió una intensa pasión que no se apagó con el transcurso del tiempo, sino que fue aumentando hasta transformarse en un amor adulto. «Porque estoy enamorado de ella, cerca de Buenos Aires y lejos de los que no quiero ver», solía explicar con una prosa tanguera su sentimiento por Punta del Este el músico argentino, a los pocos amigos que recibía en su casa en territorio uruguayo.

Desde que compraron El Casco, Piazzolla y su mujer llegaban a Punta del Este en los primeros días de diciembre, luego de que el músico argentino finalizaba sus agotadoras y permanentes giras por el mundo entero en las que llevaba como embajador de lujo la música de Buenos Aires. Permanecía allí hasta el día de su cumpleaños. Cada 11 de marzo, y en una especie de ritual que mantuvo durante toda la década en que veraneó en Punta del Este, Piazzolla celebraba su aniversario con una fiesta que marcaba el fin de las vacaciones y el comienzo nuevamente de sus periplos por las principales ciudades del mundo.

El primer verano que Piazzolla pasó en El Casco no contaba allí con un piano para realizar sus composiciones. Solamente había traído dos de sus bandoneones. Fue entonces que sus amigos, el escribano Tesouro y su esposa, Alba Techeira, le prestaron un piano alemán Carl Hardt. Este instrumento fue el *alma mater* de un boliche de tango denominado Vieja Viola, que en el verano de 1970 el notario uruguayo inauguró en Punta del Este. El local, que aún subsiste, está ubicado sobre la avenida Pedragosa Sierra a la altura de lo que hoy es el barrio Beverly Hills. Vieja Viola resultó ser uno de los pocos centros nocturnos que funcionó en aquel «verano caliente» declarado por los tupamaros. Hasta allí, Piazzolla se trasladaba en horas de la mañana para componer parte de lo que luego sería su mayor homenaje al balneario uruguayo: la *Suite Punta del Este.* De esos días de inspiración, transpiración y obviamente creación, como le gustaba decir al músico argentino cada vez que concluía una nueva obra, queda hoy como testimonio un agradecimiento que en la tapa de madera del reverso del instrumento, guardado como un tesoro por sus dueños, escribió de su puño y letra el compositor argentino:

> Para Fernando y Albita, gracias por este piano.
> Astor Piazzolla.

La llegada de Piazzolla a Punta del Este era aguardada siempre por Federico y Ana, los caseros de El Casco. El matrimonio treintañero de orientales, oriundo de la ciudad de Minas, se había afincado en Maldonado en 1980. Fueron los tiempos de la plata dulce, cuando el balneario cambió su geografía y los chalés de techos de tejas rojas que dominaban el paisaje de la península comenzaron a desaparecer para ser sustituidos por gigantescas torres de apartamentos. Estas enormes moles fueron fruto de los dólares baratos que cruzaban el Río de la Plata. La pareja buscaba en Punta del Este el trabajo que su pago natal no les había podido dar. Y en la casa de Piazzolla lo encontraron. Serviciales, educados y sobre todo muy discretos, Federico y Ana se ganaron de inmediato la confianza de «el señor Astor», como ambos llamaban al músico argentino. Ana se encargaba de la limpieza de la casa y Federico del cuidado del jardín y de pagar las cuentas.

«Yo le preparaba el mate», recuerda hoy Ana con la emoción que provoca el evocar a un ser muy querido que ya partió de este mundo. «El señor Astor se sentaba a matear de tardecita y a mirar la puesta del sol debajo de un cedro azul que había y que aún hoy está en la casa. Allí pasaba largos ratos, solo y en silencio», agrega.

Piazzolla supo siempre retribuir la fidelidad y la discreción de sus caseros. No sólo materialmente, sino también brindándoles un trato cariñoso y deferente. «Era un hombre muy generoso», comenta Federico y subraya que «nos trataba como amigos y estaba siempre permanentemente preocupado porque no nos faltara nada».

## *Y la música invadió El Casco*

Desde que Piazzolla tomó posesión de El Casco, el lugar se llenó de música. Por las mañanas el dueño de casa se levantaba muy temprano y de inmediato los acordes de algún concierto de Vivaldi o de Bach que reproducía su equipo estereofónico se apoderaban del chalé y del jardín. Era su manera de comenzar cada jornada. Los días que no salía a pescar se dedicaba a componer en una de las habitaciones que había acondicionado especialmente y que se comunicaba con la sala principal. Allí tenía su piano, dos bandoneones y un arpa. Sus jornadas de trabajo se extendían sin interrupciones hasta las dos de la tarde. Mientras trabajaba, dejaba siempre las puertas y las ventanas de su estudio privado abiertas. Le gustaba que, a medida que creaba y ejecutaba sus composiciones, las notas se esparcieran por cada rincón de la casa y del jardín. Por las tardes generalmente se escuchaban grabaciones de obras de su autoría. Algunas veces, las menos, y fundamentalmente en el crepúsculo, eran las quejas de su bandoneón, arrancadas con la fuerza de sus dedos, las que resonaban en El Casco.

La música, la pesca y una nueva pasión que Piazzolla descubrió en Punta del Este: el cultivo de su propia huerta, llenaban su vida en la península. Con semillas que trajo especialmente de Italia, Piazzolla plantó en un rincón del jardín vegetales y hierbas aromáticas que luego utilizaba a la hora de cocinar para sus amigos. «En una mesa nunca puede faltar un buen aceite de oliva, un buen vinagre y un buen vino», afirmaba. También solía decir que para conocer si un músico es bueno hay que salir a comer con él: «Si tiene mal gusto para los vinos o para la comida, es que tiene mal gusto para la música». Y haciendo gala de sus conocimientos culinarios, tal vez heredados de sus ancestros italianos, invitaba a sus amigos para compartir enormes pizzas cargadas de pimienta y amasadas con sus propias manos. Otras veces, el menú era pescado a la parrilla o asado a las brasas acompañado por la variedad más increíble de ensaladas, aderezadas siempre con oliva y el vinagre que el músico argentino preparaba y guardaba en grandes damajuanas de vidrio.

—Me dijeron que usted es el único que puede llevarme a pescar tiburones —dijo Piazzolla una mañana de enero de 1982 a Dante Rinaldi, el entonces ya legendario pescador de Punta del Este.

Dante que se encontraba preparando su lancha *La Dante* en el puerto de Punta del Este para trasladar a un grupo de turistas hasta la isla de Lobos, reconoció de inmediato al músico argentino.

—¿Y por qué quiere usted tiburones? —le preguntó el veterano pescador oriental.

—Porque mientras logre sacarlos voy a poder seguir tocando el bandoneón —respondió Piazzolla, al tiempo que levantaba sus brazos y ejercitaba los dedos de las manos.

—Lo espero mañana a las 10 —manifestó Rinaldi y agregó—: Si no tiene caña, no se preocupe que yo le presto una.

Al día siguiente Piazzolla se presentó a la hora convenida en el puerto. Comenzó allí una entrañable relación entre el músico argentino y el pescador uruguayo que se prolongó hasta el último verano en que Piazzolla recaló en Punta del Este.

«Era una persona extraordinaria que le apasionaba pescar tiburones», recuerda hoy Dante, que, como en aquellos tiempos en que compartió largas horas de charla, bromas y confidencias con Piazzolla en alta mar, sigue viviendo en una pequeña casa sobre la calle de las Palmeras en la península.

«Nos embarcábamos tres veces por semana, siempre que el tiempo lo permitía», cuenta Rinaldi y agrega: «Fondeábamos a cinco millas pasando la isla de Lobos y allí permanecíamos hasta que pescábamos por lo menos un tiburón. Aunque una vez llegamos a capturar cinco».

«Piazzolla disfrutaba enormemente cuando el tiburón picaba», comenta y añade: «Se sentía feliz cuando lograba sacarlo del mar. Había que tener mucha fuerza para capturar aquellos animales que pesaban hasta 140 kilos. Luego, una vez que llegábamos al puerto, les regalaba la carne a los pescadores y se llevaba las mandíbulas, que lavaba y barnizaba en su casa, para después colgarlas como trofeos en el parrillero de El Casco».

Rinaldi, que guarda en su casa como un galardón un disco dedicado por Piazzolla con la primera versión de *El escualo*, recuerda al músico argentino como un hombre muy sencillo que soñaba con venirse a vivir a Punta del Este. «El día que deje de dar conciertos por el mundo, me instalo aquí, Dante, y me dedico a componer y a pescar tiburones todo el año», solía decir al fin de cada verano el músico argentino.

Sólo un año en los casi diez en que Piazzolla veraneó en Punta del Este dejó de pescar. Fue en 1988, cuando debió ser sometido a un cuádruple *bypass*. Tenía entonces 67 años. «El médico no me deja hacer fuerza, pero no sabe que si yo no pesco tiburones no voy a poder seguir tocando el bandoneón», le comentó ese verano a Rinaldi. No obstante, al año siguiente volvió a embarcarse con Dante y estrenó cañas nuevas que había comprado especialmente en Japón.

—¿Sabés, Dante, que este año tuve que tomar 103 aviones? —comentó Piazzolla una mañana de febrero de 1990, en una jornada en que el músico argentino recurrió a su compañero de pesca para descargar su angustia—. El cuerpo ya no me responde como antes —subrayó.

—¿Y qué espera para largar los conciertos y venirse a vivir aquí? —le preguntó Rinaldi.

—Mirá, te aseguro que este año canto retirada y me instalo definitivamente en Punta del Este —respondió.

El 5 de agosto de 1990, estando de gira en París, Piazzolla sufrió un ataque cerebral. Nueve días después, en estado de coma y con lesiones cerebrales irreversibles, fue trasladado a Buenos Aires. Había perdido el habla. Dos años más tarde, el 5 de julio de 1992, falleció. Un año antes de enfermarse había manifestado: «A lo único que le tengo miedo es a una enfermedad fulera, al sufrimiento. Eso no lo podría soportar».

Poco antes de morir Piazzolla, y estando él ya muy enfermo, su mujer vendió El Casco. El destino o quién sabe quién quiso que un matrimonio francés amante del tango y de Punta del Este, que solía acudir a los conciertos que Piazzolla daba frecuentemente en París, adquiriera la casa. El Casco hoy ha sido rebautizada. Su nuevo nombre tiene reminiscencias tangueras: Al Sur. Y a pesar de que la casa fue reformada, en el jardín sigue regalando su sombra el cedro azul.

*Amalia Lacroze de Fortabat*

## «Al principio, en la playa éramos siempre los mismos»

Cada uno va por la vida y llega con su estilo. A uno de los fundadores de Punta del Este, Antonio Lussich, le gustaba avisar que estaba en casa con el señorial gesto de izar una bandera con su insignia personal en la parte más alta de su espectacular bosque. Con don Luis Alberto de Herrera, la señal era otra: bastaba ver el desfile de pobladores con un frasco de dulce de leche empaquetado como regalo llegándose a El Cangrejito para saber que el jefe estaba en casa. Silvina Bullrich prescindía de rito alguno; su personal vozarrón se hacía sentir enseguida en los ambientes que frecuentaba y ya todos lo sabían: había llegado. Los Anchorena preferían pasar inadvertidos y, en todo caso, ser ellos quienes convocaban a su círculo cerrado.

Quienes están atentos a estas cosas saben qué indicios seguir, cuando cerca de Navidad aparece en el cielo como una estrella fugaz el destello blanco del *jet* privado, uno de los más modernos en su tipo. Si la máquina corta las nubes, enfilada la trompa en busca del aeropuerto, ya se sabe: Amalia Lacroze de Fortabat llega a casa. Es el estilo Amalita. Y es el rito de casi todos los años de pasar las fiestas en el balneario al que llegó por primera vez hace más de medio siglo, cuando —según ella misma recuerda— «éramos muy pocos, todos nos conocíamos y pasábamos el día en la Brava, protegidos del viento con unas carpas precarias, de colores, apenas unos postes, unas lonas y ni siquiera un clavo para colgar la ropa».

A lo largo de cincuenta años, el ruidoso derrotero de Amalia Lacroze en Punta del Este acompaña y subraya —como un testigo del cambio de los tiempos— distintas etapas en la evolución del balneario. Llegó, como ella misma dice, cuando no había nada y eran veinte familias las que con despreocupado egoísmo disfrutaban de un paraíso en estado natural, casi salvaje, que hoy parece perdido, aplastado por los avances de la civilización. Se instaló luego en San Rafael, en un caserón que hoy es suyo, con un gran jardín en el que preserva su intimidad sin necesidad de que un guardaespaldas le esté encima. Y, recientemente, empujada por el nuevo movimiento, puso un pie en José Ignacio, buscando la privacidad que inicialmente buscó en la península y que se perdió tras la explosión urbana de los años setenta.

—Yo viajo por todo el mundo. Pero Punta del Este tiene algo mágico. Es un lugar que me encanta —dice y enseguida reflexiona en términos muy porteños—: Es como estar en otro país.

Pero no siempre todo fue rosa. Hubo un tiempo, los años de violencia, en que los actos de terrorismo y el temor a un eventual secuestro la llevaron a preferir poner a salvo a los suyos y a sí misma, evitar complicaciones, y no pisar por mucho tiempo la tierra oriental. Hubo otros sinsabores, claro. Como aquellas fiestas de 1976, en que en la casa de Punta del Este comenzó la agonía de Alfredo Fortabat. Cuando todo se precipitó y hubo que trasladarlo urgentemente en avión a Buenos Aires. Al llegar al aeropuerto de Laguna del Sauce ya estaba inconsciente. Murió pocas horas después, en la Argentina.

—Durante un tiempo, pensé en vender la casa. No quería volver. Luego cambié de idea. Me hice una escalera especial para no pasar por delante de ese cuarto que hoy ocupan visitantes —dijo.

Y luego, el escándalo del barco. Amalita tenía un yate que solía hacer traer al puerto de Punta del Este. Lo dejaba amarrado allí todo el verano y, de vez en cuando, salía a navegar con sus nietos.

—Nos encantaba a todos. Sobre todo, hacer un alto y amarrar por la parte de atrás de la isla Gorriti, sin que nadie nos viera —recordó.

Pero las cosas cambiaron. Según ella cuenta:

—A alguien se le ocurrió decir que el barco tenía canillas de oro... ¡Pero, por favor! Si hubiese tenido canillas de oro me las hubiese llevado a otro lado sin pensarlo dos veces. No las iba a dejar en un barco. Eso lo piensa cualquiera, pero, como existe el mito de que Amalita todo lo puede, bueno, la historia siguió dando vueltas.

—Y si no era cierto, a usted qué le importaba...

—No se olvide de que yo tengo muchos obreros en mis fábricas. Gente a la que cuido y respeto mucho. No quería que pensaran que en realidad tenía canillas de oro. Así que vendí el barco. Lo sentí mucho pero lo vendí. Luego descubrí José Ignacio y me di cuenta de que tener una casa allí era como tener una casa en el medio del mar.

No tengo canillas de oro, no tengo barco, pero soy la dueña de una casa que parece un velero amarrado en el medio del mar —respondió.

En su particular manera de exponer las cosas, no deja de ser un punto llamativo.

## *Siempre en obra*

La casa de Amalia Fortabat en Punta del Este se llama Aldebarán. Forma parte de su patrimonio desde 1955 y, según se dice, fue un regalo que le hizo Alfredo Fortabat para un cumpleaños. Así como hay otra gente que recibe un libro, un disco o una corbata, el día de su aniversario se sentó a desayunar y sobre la servilleta había una foto que mostraba una casa.

—Queda en Punta del Este. Y es tuya. Podés hacer con ella lo que se te antoje —dicen que le dijo Alfredo.

Era un buen regalo, sin duda. No todos los mortales desempaquetan uno de ese tipo todos los días. Pero eso no era suficiente para evitar que Amalita —Mema, como la llaman en su casa— no sintiera mucho encanto por lo que definió como una casa oscura, llena de enormes vigas de madera que, a su juicio, la hacían poco atractiva. Conque, en ese mismo momento, comenzó un trabajo de remodelación que se prolongó a lo largo de los años. Ciertamente, la casa de Amalita vivió en obra de acuerdo con los vaivenes de la familia y de sus amistades: si alguien nacía, había que hacer un cuarto. Si alguien se peleaba, había que ponerlo más lejos. Algo se tiraba abajo, una pared desaparecía, otra surgía como un géiser, algo se refaccionaba. Y ya está.

Hasta que en un cóctel alguien le preguntó:

—¿Se puede saber qué hacés agrandando esa casa todos los días?

—Bueno, es que tengo mucha familia postiza, —respondió ella.

Y en ese mismo momento se le ocurrió algo: ¿por qué no comprar el terreno lindero? No sólo la casa se expandía sino también el jardín. No era una mala idea para quien puede hacerlo.

Alfredo Fortabat compró el chalé cuando ya estaba construido y, en realidad, tiene su historia. Había pertenecido antes a uno de los primeros extranjeros que se instalaron en la villa con ánimo de recuperación. Dicen que este señor, un norteamericano y sólido accionista de la firma fabricante del popular digestivo Alka Selzer, estaba poco menos que desahuciado. Y, según cuentan, llegó a la península tras haber escuchado la recomendación de unos amigos que le aseguraron que, si no se curaba en ese paraíso remoto y de silencioso misterio, no lo haría en ningún lado. Y si la pastilla efervescente con la que él amasó una fortuna alivió la indigestión de millones de personas en todo el mundo, bien puede decirse que el aire marino hizo con él un prodigio digno de un druida. O de un premio Nobel, cuando menos.

—No sólo se recuperó sino que después tuvo cuatro hijos. Fue un verdadero milagro —recordó Amalita con ojos de asombro.

—¿Usted lo cree?

—Es cierto. Yo lo vi. Y, además, ¿sabe qué pasa? Punta del Este es volcánico, absolutamente volcánico. El problema es que ahora lo están aplastando todo y entonces no se nota tanto. Pero en ese tiempo todavía era realmente volcánico. Las rocas brotaban por muchos lados. La prueba es que en la Brava hay unas rocas que van casi hasta el mar y la arboleda.

—¿Y eso qué tiene que ver con la salud?

—Esa mezcla, esa combinación de elementos, de mar, de rocas, de bosque..., ayudó a que este hombre poco menos que desahuciado recuperara la salud. Ya sabe que Punta del Este tiene fama por su clima benévolo. El problema es que ahora no se nota tanto porque todas estas torres le quitan energía...

## *La primera. La que manda*

Cuando Amalita llega, todo se hace con rapidez y precisión. Desciende del Lear, un auto la espera con el motor encendido en la pista. Ella lo aborda, se cierran las puertas, se elevan los vidrios y el auto avanza hacia San Rafael. No es un operativo que tome muchos minutos ni que se demore en detalles que puedan evitarse. Distinto será el ritmo apenas se divise el verde como un paño de billar de los chalés de San Rafael y, entre ellos, el *parterre* de flores que protege el cartel de madera blanca con letras azul claro que anuncia que ya está en casa.

Y la casa es eso: una mansión antigua con techo de tejas color naranja y paredes muy blancas. Tiene forma de semicírculo hacia afuera, con un jardín de más de media cuadra alrededor, bordeado con un nutrido cerco verde que protege la intimidad de las indiscreciones de la calle. Nada puede verse del otro lado del cerco. Hay que pasar el portón. Hay pocos árboles. Pero, desde el porche, el cerco tupido da una pacífica sensación protectora. Alguien podría caminar desnudo si quisiera, con los pies sobre el césped, que jamás sería visto por ojos indiscretos.

La casa es clara en el piso tarugado, en los muebles, en las paredes blancas, en la luz que entra por las ventanas. Una flor roja, un laurel, destaca entre las pocas plantas del jardín: es una elección particular de su dueña. No florece siempre, se sabe. Pero es lo que eligió para que perdure, más allá de las flores de estación que el jardinero cambia prolijamente para que la casa tenga siempre un paisaje colorido en su exterior. Y calor, si es necesario en el frío invierno: los pisos están cubiertos por cueros de cebras a modo de alfombras.

Aunque no esté en casa, la presencia de Amalita allí es tan poderosa como la de Rebecca en la legendaria Manderley, la mansión donde se desarrolla el clásico de Daphne Dumaurier. Tal como allí ocurría con las huellas que a propósito instalaba la personalidad de su ocupante, los detalles que en el chalé de Punta del Este hablan de Amalita están por donde se mire: en la escenografía, en las fotos, en el rosa y amarillo de los tapizados, en las esculturas que representan a dos negros africanos que custodian cada lado de la chimenea, en el par de patas de elefantes que están dispuestas como asiento. Y, por supuesto, en la pintura que la muestra recostada, de cuerpo entero, destacando el vestido beige y marrón sobre un fondo claro.

Como todo lo demás, el nombre de la casa —Aldebarán— lo eligió ella y está tomado de la primera estrella de la constelación de Tauro, que no es la suya. Ella es Leo.

—¿Cómo se le ocurrió el nombre?

—Me gusta la astronomía. Mi padre sabía de eso y me enseñó muchísimo. Siempre me gustó esa estrella, que es de las primeras que se ven de la constelación de Tauro... Luego descubrí que también significa «la que va adelante». Y me pareció más apropiado todavía.

Nadie podría discutir ese punto con Amalita, que manda en esa casa desde hace 50 años y que extendió la práctica a todo el grupo Loma Negra desde hace exactamente 22. Para ser más precisos, eso ocurrió más o menos 72 horas después de la muerte de Alfredo Fortabat, a los 82 años de edad. Tres días después de ese 10 de enero de 1976, ella abrió la puerta de la sala en que se reunía el directorio y, sin decir palabra, ocupó el sillón Chesterfield tapizado en verde gastado que correspondía al presidente. Nadie en esa habitación se atrevió a abrir la boca en ese momento. Ni después. Sí hubo sordas protestas de miembros de la familia Fortabat, que se sintieron dejados fuera por Amalita. Pero en el juego de relaciones de poder, nada cambió. Ella se convirtió en la dueña y jefa.

El poder era suyo.

—¿Es común en la Argentina que una mujer haga lo que usted hace? —le preguntaron una vez.

—Yo no soy común —contestó ella.

—¿Y cómo es una mujer que trabaja como usted?

—Ninguna aficionada.

Amalia Lacroze no fue a la universidad. Habla perfectamente francés e inglés. Le gusta vocalizar con una cadencia que pretende ser ingenua y que disimula el volcán que puede llegar a ser en un rapto de temperamento. Es presidenta de las compañías del grupo y de su firma de bandera: Loma Negra. También preside la Fundación Fortabat, extiende sus negocios, viaja todo el tiempo, el presidente Carlos Menem le pidió que fuera su embajadora itinerante. Y lo más importante: a diferencia de muchas mujeres consideradas multimillonarias en el país, ella es la dueña absoluta del dinero que está en la cuenta y hace con él lo que se le antoja sin preguntar a nadie antes. Ni a un marido, ni a un amante. Compra pinturas, es una de las principales coleccionistas de obras de arte en la Argentina y hay quienes afirman que con esa veta multiplicó de modo inimaginable los activos de su fortuna. Ahora sueña con instalar su propio museo privado en Buenos Aires, tal como lo hicieron las familias Frick y Guggenheim en Nueva York. Dice que no va a parar hasta los 90 años. Mandona, generosa, coqueta, abiertamente seductora —con dedicación y empeño, tampoco en eso es improvisada—, no niega que su cuerpo sufrió varios retoques. Asegura que trabaja mucho más que el común de los mortales y que descansa mucho menos. Y que Punta del Este es uno de los sitios que elige para hacerlo.

## *En casa alquilada*

No siempre las cosas fueron tan a lo grande, con un ejército de personas esperando en la puerta de entrada que ella llegue a casa. Hubo un tiempo en que Amalita fue a Punta del Este a una casa alquilada, como cualquier otro turista. La época en que los grandes edificios eran sólo alguna quimera en la mesa de dibujo de algún arquitecto. Y ella la define con la frase que suele aplicarse a los pequeños pueblos:

—Éramos tan pocos... y nos conocíamos tanto...

Fue cuando Amalia Lacroze tenía 23 años, su hija Inés apenas uno y ella estaba todavía casada con Hernán de la Fuente, un abogado con el que contrajo matrimonio en setiembre de 1942. Metido en sus cementeras, Alfredo Fortabat no parecía ser del núcleo de amistades que por entonces frecuentaba Amalita. Y a pesar de que ella no tenía más dinero que el que podía obtener su marido, que trataba de abrirse paso en la profesión, recuerda esa época como un tiempo vivido dentro de una burbuja. Una vida de dos cócteles por día y de luego salir a comer afuera. Un trato social en que las reuniones y acontecimientos se suceden como en las imágenes del cine italiano de los años sesenta: siempre la misma gente que cambia de escenario.

—Éramos siempre los mismos. Un grupo muy chico. Todos los que estábamos en la playa nos conocíamos. Eso fue una cosa inconcebible, que no creo que hoy ocurra ni que vuelva a suceder nunca. Todos éramos amigos que nos habíamos visto la noche antes de ir a la playa. Y nos veríamos de nuevo ese mismo atardecer en otro sitio —dice. Y menciona de esa época a muchos que hoy ya cambiaron de situación: no tienen la misma fortuna, se separaron, se casaron con otro o con otra. O se murieron. Y asegura que ya por aquel tiempo estaba Silvina Bullrich dando vueltas—. Aunque ella era mucho más de ir a la Mansa, porque no le gustaban las olas.

Y aquí hace un alto para destacar algo que, a su juicio, no mucha gente conoce:

—Silvina Bullrich trabajaba mucho en Punta del Este. Siempre estaba haciendo algo —y el punto que subraya parece ser algo con que la propia Amalita se siente identificada: quienes la conocen aseguran que ni siquiera en los eventos sociales se relaja, no en esa vida de tules y buena bebida. Su cabeza siempre está pensando algo más mientras las copas de champán y de vinos claros pasan de mano en mano.

¿Qué quedó de aquella época?

Se acuerda especialmente de un bar improvisado en una casa de familia, en el puerto. Una construcción de madera que todavía está en pie y frente a la que más de una vez tuvo la tentación de tocar el timbre para ver qué quedaba de aquellas caras que en el pasado llenaron las copas de quienes reían hasta la madrugada. La gente que se sacaba a bailar de mesa a mesa en La Fragata, sobre la calle Gorlero. Los almuerzos y los tragos en El Mejillón. Ella no era rica. «Pero todo era mucho más accesible que ahora», asegura.

Vida de burbuja, como si los problemas no existieran.

Una prima suya, Teresa Rocha, construyó su casa y comenzó a echar raíces.

Por entonces, la familia de Amalita: ella, su marido y la pequeña Inés, alquilaban un chalé llamado Gaiman, en la parada 7 de La Mansa, tres cuadras para adentro.

—La Punta era una belleza. Yo tengo fotos de los años cuarenta, en que se ve que toda Punta el Este es chata y verde. Con manchas de colorado en los techos de las casas.

La gente llegaba en barco o en tren. Bajaban sus baúles y se quedaban por largas temporadas. Hubo que esperar hasta la llegada de los hidroaviones —con su muy breve reinado— para que se pudieran acortar las horas que insumía el incómodo viaje.

## *Éste es tu regalo*

Junto con Punta del Este misma, la vida de Amalita en la península comenzó a cambiar a partir de 1955, en que Fortabat le regaló la casa de San Rafael. En realidad, toda su vida se dio vuelta como un guante con la irrupción de este hombre casi 30 años mayor que ella, a quien en los años sesenta se consideraba el más rico del país y con el que se fue casando sucesivamente en Montevideo, Asunción del Paraguay y México. Hasta que en 1951 y gracias a una ley de familia que el gobierno peronista aprobó entre gallos y medianoches, los dos pudieron divorciarse para estampar nuevamente su firma en la libreta de casamiento que los declaró marido y mujer. No perdieron un segundo: fueron la sexta pareja en la Argentina que pudo usar esa discutida legislación que duró, después, lo que un suspiro: en medio de un verdadero escándalo, con la Iglesia diciendo de todo contra el entonces presidente Juan Perón, la ley de divorcio fue derogada. Pero Amalita y Alfredo ya estaban legalmente casados, gracias a lo que algunos se complacen en recordar como la Ley Fortabat.

También Silvina Bullrich se apuró y corrió a divorciarse cuando el Senado convirtió en ley el divorcio. Otro llamativo punto de coincidencia con la emprendedora señora de Fortabat. Por no mencionar que, según ella misma admite, Punta del Este le resulta «sumamente inspirador para escribir».

Pero eso es sólo un capítulo en la historia de Amalita. La parte que ella misma contó cuando quiso que todos supieran su versión acerca de cómo se había gestado la relación que la unió con Fortabat. Y de cómo, tras su muerte a los 82 años de edad, evolucionó su historia a la manera de la de Katherine Graham, la editora de *The Washington Post* que, después de fallecer su marido —cuando todos pensaron que se alejaría—, decidió tomar las riendas del negocio.

Hay una foto sacada en la playa en la que posan ella y Fortabat. De buen porte, alto y bronceado, él viste de blanco, con un *suéter* oscuro atado al cuello. Abraza por la frágil cintura a una mujer delgada, atractiva y de pelo castaño.

—Me gusta esta foto —dice ella— porque allí se ve lo que Alfredo era y lo que yo iba a ser.

Tenía 26 años cuando se casó con Fortabat. Asegura que fue cosa a primera vista. Los dos se habían encontrado de casualidad en una función en el teatro Odeón. Ella, del brazo de su prometido, Hernán de la Fuente. Treinta años más grande, llega él con su esposa, Elisa Corti Maderna. Flechazo instantáneo. No está claro cómo fue que él pudo acercarse hasta donde estaba la joven Amalita. Tampoco cómo se las rebuscó para entablar un diálogo ni, más audaz todavía, hacerle llegar en ese preciso momento una caja de bombones y, en un arranque, declararle allí mismo su admiración. Tampoco queda claro qué hacían los otros dos acompañantes —de él y de ella— mientras todo esto sucedía en el teatro, a la vista de quien quisiera verlo.

Pero Amalita así lo contó. Y se acostumbró al cambio. Aprendió. Y cuando murió Fortabat no se dio tiempo para llorar: «Alfredo se fue un sábado y yo el lunes presidía una reunión de directorio», rememoró. Vive rápido: «No tengo tiempo para llorar mis penas», dijo.

—¿Y de gozar sus glorias?

—Tampoco.

Parte de su estilo es no desdecirse nunca de lo afirmado, pero sí corregirlo de acuerdo con el paso de los días. Una vez se le recordó la definición que había dado de sí misma: una mujer capaz de esperar 20 años con tal de conseguir lo que quiere.

Ella contestó:

—Eso era antes. Ahora el tiempo lo quiero más corto.

## *Una casa, sus pinturas*

Dueña de una de las colecciones de arte más importantes del país, vive rodeada de pinturas en su dúplex de mil ochocientos metros cuadrados sobre la avenida del Libertador. Basta trasponer la puerta y acceder al recibidor para encontrar enseguida los famosos *Duraznos en flor* del argentino Fernando Fader, por el que pagó más de un cuarto de millón de dólares hace ya diez años. Un poco más adelante está la serie de retratos que le pintó Andy Warhol. Y también están los Malenca, Soldi, Roux, Pettoruti, la tela del británico Turner.

Y el hábito del coleccionismo, que en Nueva York asegura prestigio y se mueve por millones, llegó también de la mano de Amalita a Punta del Este, aunque en términos más veraniegos. Y menos dispendiosos.

Su casa está decorada con tres murales del argentino Nicolás García Uriburu. Uno es familiar: una sombrilla de tonos terracota y blanco, una canasta blanca, una toalla en la arena y, sobre ella, Amalita en bikini oscura que mira a sus dos nietos —Alejandro y Bárbara— mientras juegan en la desierta inmensidad de La Brava. Las rocas de las que habló antes, el mar azul y tranquilo, la isla del faro al fondo. Nadie alrededor. Sólo ellos tres. «Pensar que, en algún tiempo, Punta del Este fue así», dice.

Las otras dos pinturas hablan más directamente de la Punta del Este que fue. Una muestra el puerto, con el edificio de la vieja aduana y una treintena de barcos deportivos amarrados. La otra es la isla Gorriti, desierta, a la hora en que cae el sol.

Vuelve a la pregunta inicial:

—Así que quiere saber cómo es mi vida en Punta del Este —reflexiona en medio de la visión rosada del conjunto: la pared de su oficina es rosada, su blusa es rosada, la alfombra es rosada, las rosas en el jarrón son rosadas.

Y de su historia surge que no hubo un solo lugar ni un solo momento.

—Cuánto tiempo pasó desde las primeras veces que fui. De ese tiempo recuerdo una travesía muy graciosa. No había camino para ir a Solana del Mar, pero nos habían invitado a una fiesta de inauguración. A mí me llevó Aarón Anchorena, a quien conocí en esa época. Era un *jeep* que saltaba todo el tiempo. Llegamos deshechos.

—¿Qué es lo que más extraña?

—La época en que todos nos conocíamos. La casa, los autos. Todo quedaba abierto. Las bicicletas, las cosas de la pileta, todo tirado afuera. Después, hubo que poner barrotes. Ya no era lo mismo.

Como muchos, tiene un pie en la punta y otro más al este, en José Ignacio. Pero eso no es la villa y cuando sí habla de Punta del Este se refiere a Aldebarán. Ése es su sitio allí. Un hogar que también supo tener su leyenda.

—¿Alguna vez refugió a alguien en esa casa?

—No. No sé por qué me lo pregunta.

—Hubo una versión según la cual usted había protegido allá a María Estela Martínez de Perón.

—Nunca la conocí —contesta sin vacilar.

José Ignacio es otra cosa. Es un refugio natural. Una casa fantástica pero que, sin embargo, parecen usar más sus nietos —los herederos— y los seis pequeños que ya la hicieron bisabuela.

Un espacio enorme: varias manzanas y bajada a la playa.

—Se llama Mirando al Oeste —dice y confiesa que, íntimamente, se refiere a ella como al Remanso, con lo que concluye que es una especie de doble nombre. La vida en el faro es el mar ancho y demasiado salvaje para que ella pueda disfrutarlo. El sol implacable, los atardeceres como fuego, el viento que la obligó a construirse un refugio en la casa desde donde poder ver todo sin volarse. Una estructura de material, con vidrios corredizos—. Le pusimos La Mastaba —dice, y repite el nombre dado a las primeras tumbas egipicias, antes de que los faraones se animaran a construir sus enormes pirámides.

Con el paso de los años, Amalita parece más inclinada a explotar una vida familiar. Y afirma que no se mueve sin arrastrar una legión de nietos y de triciclos. Y, aunque cuesta imaginarla dando la mamadera, asegura que más de una vez no puede ni acercarse a la pileta de su casa entre colchonetas, salvavidas, patos inflables.

Convirtió poco menos que en religión eso de hablar de la descendencia. Y por ella, la casa tiene dos piletas, de baja profundidad una, reservada para los más chicos. Los hijos de los herederos que, de acuerdo con su relato, la siguen a sol y sombra. Por fuera, la casa tiene rejas celestes. Por dentro, decoración minimalista, con una mezcla de toques entre orientales y mexicanos. Sillones bajos. Pocos adornos. Se adivina el gusto de ella detrás de todo.

## *Como fotos de otro tiempo*

Como Punta del Este, Amalita no es siempre una sola, idéntica a sí misma. Es un estilo, pero no una forma fija, inamovible.

Confiesa que se cansó de tanta gente y disparó para José Ignacio. Aquello le pareció mucho y retornó al refugio de su viejo chalé. Pero mientras proclama añoranza por un poco de paz y silencio, cultiva un tipo de diversión distinta, que requiere de fortuna para realizarse.

Al igual que muchos otros que recalan en la península, es posible que, sin dinero para financiar sus caprichos y la fatigosa ceremonia de la sucesión de ritos sociales —traducidos en encuentros, cócteles y gestos que luego se vuelven insignificantes— sucumbiera al tedio.

Se aburriría.

Quizá eso pase porque, al igual que la gente, Punta del Este no es un sólo lugar sino infinitos escenarios y tiempos, recorridos por individuos que cuentan su historia una y otra vez.

—Cuando estés por Punta del Este, no dejes de llamarme y seguimos hablando. Te venís a casa, en *jeans*, así nomás. No creas que yo soy del tipo estirado —dice.

—Bueno. Gracias.

—Eso sí, avisáme antes porque no se entra así nomás —recomienda.

Lo dice con el tono de quien posee incorporada la capacidad de ser amable. Al punto tal que cuesta imaginarla sin los estribos puestos, aunque, según cuentan sus colaboradores, no es raro que los pierda. Coqueta, transmite la imagen de la señora que dedica tiempo y atención cuando se comprometió a hacerlo. No le gusta hablar sin una copa de agua cerca, pero lo que dice es sólo la punta de un *iceberg*. Se sabe lo que se escucha porque ella no habla con otra cosa. Tiene los gestos justos, el cuerpo sereno y el semblante inalterable. A menos que se lo proponga, todo lo que no sean palabras serán intuiciones.

Hay algo inusual en el ambiente. Ella tiene el dedo mágico que muchos mortales desearían: apenas toca un timbre —y siempre hay alguno cerca—, no alcanzan a transcurrir cinco segundos antes de que alguien aparezca y le pregunte qué desea. Es difícil sustraerse al pensamiento de que quizá haya algún servicial asistente oculto tras las cortinas que protegen una vida de *glamour*, limusinas, guardaespaldas, alhajas, pinturas valiosas, personalidades de todo el mundo.

Todo lo demás son apenas detalles sobre lo que hace la mujer más rica de la Argentina.

Como muchos más, ella también encontró un sitio que recordar en Punta del Este.

*Adolfo Bioy Casares*

# «Siempre he tenido nostalgia de ella en Punta del Este»

—¿Precisa algo, don? —pregunta, cortés, uno de los pocos residentes de la villa que, en ese marzo de 1952, atina a pasar frente al chalé del naciente barrio Cantegril. Con tan poca gente a la vista y para ver, al uruguayo le llama la atención ese treintañero desconocido, ese porteñito *bien* que lleva más de media hora asomado a una ventana de la casa, sin decidirse a salir al sol que todavía calienta.

—No, gracias —contesta Adolfo Bioy Casares. Y enseguida añade—: Pero si preciso, lo voy a llamar a usted.

—Me encuentra acá, en el Cantegril. Pregunte por Cruz —le dice el hombre.

—Acá pregunte por Bioy —contesta el joven.

El paisano aprecia el saludo y sigue sin darse vuelta. Sin girar, Bioy se aleja de la ventana y recorre otra vez la casa paterna que esa mañana volvía a tenerlo como habitante solitario. Desde el día anterior no hay personal doméstico ni jardinero. Todos se fueron por indicación suya. Recorre los tres dormitorios de la casa que, por orden de su padre, construyó el renombrado Sánchez Elía —y que, testigo de lo que ocurrió ese día, hoy todavía se mantiene para quien quiera verla— a sólo cuatro cuadras de la sede del Country que poco antes había fundado, como una mancha en medio del bosque, el argentino Mauricio Litman. Otro que había buscado sigiloso amparo en el Uruguay pero, en su caso, no por razones amorosas sino por cuestiones políticas que le aconsejaban tomar urgente distancia del gobierno de Juan Perón.

Bioy sabía de todo eso y del seguro cobijo que le daba esa casa que, aun para el tiempo en que fue construida, tenía sus pretensiones. Tejas rojas, galería de madera, un parque enorme. Pisos de pinotea clara, tres dormitorios bien amoblados y cada uno de ellos con su baño privado. Enormes ventanales. Y flores. Flores para recibir a la dama cuya llegada espera con ansia creciente.

Bioy busca unos leños y enciende el fuego en la chimenea del *living*, previendo que la tarde puede ser fría y que la calefacción no es el fuerte de ese chalé pensado sólo para el verano. Mientras contempla cómo arden las primeras astillas y se imagina su propio rostro iluminado por las llamas, piensa sólo por un momento en lo que acaba de hacer y en lo que está haciendo.

¿Y ella?

Para ella es más difícil. Reside en Punta del Este y no debe ser vista en esa casa en el bosque, en la que su presencia nunca encontraría otro motivo más que el obvio. Tiene otro problema: es demasiado hermosa. Y quien se la cruce no podría dejar de mirarla. Y un tercero: es francesa. Y no hay muchas francesas y tan lindas en la península como para que pueda ser confundida con otra persona en caso de ser descubierta.

Bioy sabe todo esto y, aun así, espera. Se pregunta si no fue demasiado audaz dando su nombre al paisano. Pero ocurrió de un modo tan espontáneo que no pudo evitarlo y, además... ¡está tan acostumbrado al anonimato! Posiblemente no habría sido lo mismo si hubiera dado el nombre de su amigo, Borges, o el del personaje que crearon ambos, Bustos Domecq. Pero dio el suyo, el que tenía desde 1914, en que llegó al mundo. Sólo dos años después de que el *Titanic* se hundiera en las aguas del mismo océano.

La tarde ya se advierte en la brisa que llega desde la costa. Si todo fracasa, tiene el Chrysler estacionado atrás, para emprender el regreso. En ese caso, en Buenos Aires se ofrecería al juicio de los amigos y haría lo de siempre: se reiría de sí mismo. Pero, mientras contempla el fuego, prefiere no pensar en eso todavía. Considera que no es indigno estimar que el balance le da alguna posibilidad de no ser defraudado.

Se incorpora. Camina un poco. Se prepara un té. No es hombre de tomar alcohol. Apenas un poco de vino blanco o de champán si surge la oportunidad. Por las dudas, un par de botellas esperan en la cocina, envueltas en una tela arpillera, bajo una barra de hielo.

Y así, sin que nada lo prenuncie, se oyen dos golpes secos en la puerta.

Bioy abre. Es ella.

*Medio siglo después, otro otoño*

Cincuenta años después de aquella mañana, es otro otoño en la casa que Bioy Casares ocupa en Posadas y Schiaffino. Un sólido edificio de fachada blanca, estilo francés, de 1932, diseñado y construido —como corresponde para la época y para el lugar— por el célebre Bustillo.

Y allí, mientras lloviznaba sobre Buenos Aires y la ciudad remoloneaba ese lunes 15 de junio convertido por arte de un decreto en fin de semana largo, Bioy abrió su casa y contó la historia que cambió para siempre su relación con Punta del Este y que suele evocar, según confesó, aún hoy, cuando a los 82 años pasea en silla de ruedas por el borde del mar.

Una historia de amor es siempre un regalo que ocurre en la vida de las personas que, por alguna razón, fueron tocadas con esa suerte. No siempre llega, pero cuando ocurre, se convierte en una bendición que se prolonga día tras día, aun cuando los hechos ya pertenezcan al pasado.

Es una de esas huellas que la vida dibuja, que moldea el cuerpo y la mente de quienes las viven y que difícilmente se pierda en las lagunas de la memoria de las que ningún ser humano está exento. Y que condenan a que, por ejemplo, tres décadas después, uno no se acuerde de aquellas vacaciones en las sierras que parecían inolvidables. Ni tenga claros los rasgos de los padres cuando eran jóvenes. O de aquella primera vez que subió la escalerilla de un avión para viajar al exterior en una misión importante.

Una historia de amor está a salvo de todo eso: no se olvida. Vive siempre como un recuerdo.

Bioy hizo el regalo de contar una de esas historias. Lo hizo durante una entrevista a la que accedió, destinada a formar parte de este libro sobre la península. Y muchas veces, después de aquella conversación en su casa de Barrio Norte, la pregunta fue por qué había llegado tan lejos con el relato cuando, en realidad, su cortesía hubiera quedado sobradamente cubierta con algunas anécdotas de su vida y relaciones en el Este.

La respuesta fue que Bioy lo hizo deliberadamente. Sabía que la historia volvería a ser contada en un libro. De modo que su propósito no pudo ser otro que el deseo de mantenerla viva a través del relato que corre de uno a otro.

Y esa respuesta llevó a valorar todavía más la confidencia de esa mañana, en que —ajeno al furor que el Mundial de fútbol de Francia despertaba entre los porteños— Bioy abrió las puertas de su casa y de sus recuerdos.

La cita fue a las 11. Y las cosas fueron más o menos así:

El ascensor se detiene en el quinto piso. Suena el timbre. Una mujer de uniforme abre y nos lleva por larguísimos pasillos. Parece que ese departamento en el corazón de Barrio Norte no tiene límites a la vista.

Nos detenemos frente a una puerta. Nuestra guía introduce la cabeza y anuncia: «Llegaron los periodistas». Y eso es todo.

Bioy está en un sillón y una mujer joven de pelo castaño se levanta y se va. Retiene la mano del escritor antes de partir. Él le prolonga el saludo con la mirada celeste, acuosa, intensa.

Nos sentamos frente al escritor. Él nos mira mansamente. Nos saludamos. Le preguntamos si le molesta que grabemos nuestra conversación. Dice que no y su preocupación pasa a ser dónde encontraremos un sitio entre tantas cosas para apoyar el aparatito. Ha transcurrido un tiempo cuando le pedimos:

—Si decimos Punta del Este, ¿cuál es la historia de su historia personal que más lo conmueve y le viene a la memoria?

Se hace un silencio.

—¿Eso quieren que les cuente? —pregunta Bioy, con sus frases cortadas y vacilantes.

—Si nos hace el favor... —insistimos.

Vuelve el silencio. Pero no por mucho tiempo. El hombre mira hacia delante y empieza a hablar:

—Esto me trae muy lindos recuerdos. Yo tuve en Punta del Este uno de los mejores amores de mi vida —dice el escritor y comienza así a narrar despacio, con el pudor de quien abre una caja de recuerdos que no le pertenece del todo, la historia que marcó su relación con la península y con la que comenzó esta historia.

Habla lentamente, como trayendo fragmentos de la memoria. Han pasado apenas unos minutos cuando el relato se interrumpe por primera vez:

—No sé si debo hablar de esto —dice—. Ha pasado mucho tiempo, pero temo que, si les doy muchos detalles, ustedes descubran todo.

—No crea que somos tan sagaces.

Bioy mira como queriendo adivinar si sabemos algo de antemano o si estamos sólo disparando balas al aire. Sopesa. Toma una decisión y sigue:

—Fue una muy buena época para mí. Ocurrió cuando iba en aquellos tiempos a la casa que había construido mi padre. Me enamoré muchísimo de una francesa que vivía allí. Créanme, fue un amor muy compartido.

Sus frases se vuelven más cortas. No está dispuesto a entrar en detalles.

—¿Su nombre?

—No lo creo oportuno.

—¿Ella aún vive en Punta del Este?

—Ya no. Se quedó varios años más. Años en los que seguimos viéndonos. Pero luego regresó a Francia.

—Entonces, si no entendemos mal, la historia duró más de un año —insistimos, con la esperanza de que cuente más. Pero Bioy no parece muy dispuesto y se vuelve más escueto cuando responde:

—Duró varios más. Sí.

—¿Qué más supo de ella?

—Volví a verla varias veces. Incluso, nos reencontramos en Francia. Pero ella tenía dificultades. No era tan sencillo. Después de aquella vez, en Europa, nada más. Aún hoy no sé nada de ella y créanme que me gustaría.

—Después de algo tan especial como para recordarlo como fresco a pesar de los años que transcurrieron, su sensación de Punta del Este debe haber cambiado mucho.

—¿Cómo les puedo decir? Estuve enamorado y eso ya es bastante especial. Siempre he tenido nostalgia de ella en Punta del Este.

—¿Un recuerdo triste?

—No. Conseguí que esa nostalgia no fuera un motivo de tristeza. Desde luego, estaría encantado de encontrarla de nuevo. Pero, aunque esto no fuera así, sé que allí había sido muy feliz y tengo una especie de agradecimiento por eso. No de decir la palabra, sino de saber que fui feliz en un lugar y siempre que volví experimenté esa felicidad aunque no estuviera ya el amor.

—El pasado, la geografía y usted están en paz...

—Creo que el lugar me gusta y me hace sentir bien sin ninguna necesidad de tener nostalgia de mi pasado...

Dice eso y vuelve a guardar silencio. Como si, por un momento, hubiese partido de nuevo hacia la tierra de la cual extrajo la historia. Para quedarse allí un rato. Para acordarse, en detalle, de cómo era cada punta de ese paisaje y cómo fue ese tiempo de emoción y felicidad. Para experimentarlo de nuevo, ahora que el mar y el sol están lejos.

### *Una mañana con historia*

La entrevista con Bioy se había acordado previamente por teléfono y, para sorpresa, fue el propio escritor quien, a los 82 años, atendió la llamada. Escuchó el motivo de la consulta y dijo:

—¿Hablar sobre mi vida en Punta del Este?... ¡Qué raro! Nadie pregunta eso. Pero bueno, está bien. Deje que mire mi libreta...

Pasan unos segundos, la voz de Bioy vuelve a escucharse en la línea y concede la entrevista para cuatro semanas más tarde.

—¿No será muy tarde para ustedes? —pregunta con tono vacilante.

Siempre menos publicitado y conocido que Borges a lo largo de su vida, Bioy escribió mucho en soledad. Su imaginación como fuente de historias fantásticas a las que luego daba cuerpo en cualquier lado: la geografía rara vez era su inspiración. También escribió junto con su esposa, Silvina Ocampo —la hermana de Victoria Ocampo— y con Borges, con quien se unió en el hipotético nombre de Bustos Domecq —mitad Borges, mitad Bioy— autor de memorables obras policiales y fantásticas.

—Mi obra sería más voluminosa si todos los días no perdiera algo —dice, riéndose humildemente de sí mismo.

Pero caminar por su casa de Barrio Norte es como recorrer una biblioteca sin orillas. Paredes claras, un piso inmenso, poquísimos muebles pero buenos. Un piano negro de media cola cerca de la chimenea sobre la que hay un gran espejo que el tiempo decoró con manchas grises. Después están los pasillos, enormes, interminables. Repletos de anaqueles. Libros, libros, libros. Otro pasillo, más libros. Con delantal blanco, Lidia, una de sus asistentes, guía el recorrido. Parece que estamos cerca, pero no: más pasillos, más libros.

Bioy recibe en su dormitorio sin cortinas, su pequeño mundo durante buena parte del día. Los libros se acumulan en pilas de hasta un metro de alto, en los costados, contra las paredes. En realidad, hay libros por todas partes. Ediciones viejas, de tapas duras, en cartón de colores gris y verde, que se mezclan con otras recientes, de portadas chillonas. Hay libros sobre las sillas, en el piso. «Muchos pertenecieron a mi padre», dice.

También hay fotos, dibujos, un comunicador electrónico. Sus anteojos. Sobre una mesa, el diario *La Nación*, ya leído y plegado sobre las noticias policiales.

Está sentado en un sillón, cubierto con una manta de alpaca, junto a la ventana que da a la calle Posadas. Desde allí, girando la vista hacia la izquierda, se ve Plaza Francia. Viste como salido de una sastrería londinense. Saco de *tweed* gris, camisa celeste a rayas, corbata. La mirada celeste, intensa y transparente. Cosas de la vejez, ahora se enjuga con un pañuelo blanco lágrimas que no son de emoción.

Está flaco y está armado de una peligrosa sonrisa de arrugas mansas. Hace un gesto con la mano para que no sentemos.

—Dicen que, para usted, el Uruguay es algo así como el lado bueno de la Argentina. ¿Qué lo ha llevado a pensar eso?

—Es así. Fíjense, si no... Los uruguayos son muy parecidos a nosotros, los argentinos. Pero ellos son más amables, más reposados y corteses. Es como si fueran la cara agradable de una misma cosa.

—Si le decimos Punta del Este, ¿qué es lo primero que se le viene a la mente?

—Lo primero que se me ocurre es un lugar con pequeñas lomas de arena y con fondo largo, muy largo. Ése es el recuerdo de los viajes a la primera casa que tuve allí. Y también tengo memoria de que mi padre venía a visitarme de vez en cuando y a traer lo que había que pagar, porque la casa todavía no estaba terminada del todo. Fui muy, muy feliz entonces. Y siempre he estado agradecido a Punta del Este por eso.

—¿Qué más se acuerda de esa casa?

—Queda en la zona del Cantegril, muy cerca de la sede. Era muy linda. Ignoro quiénes son los dueños ahora, pero varias veces he pasado por allí. Incluso la he ido a visitar cuando estuve este año. Y está, como dice el verso de un amigo mío, Alejo González Garano, como «Una casa sola en poder de las plantas».

—¿Está abandonada?

—¡No, para nada! Tiene muchas plantas, nada más —se ríe Bioy.

—¿Ese fue siempre su lugar en la península?

—No. Vean cómo resultaron las cosas. Ya en los cincuenta hice un viaje a los Estados Unidos y a Europa. En los Estados Unidos me compré un auto, un Lincoln. A mi regreso, lo llevé al Uruguay, porque no podía entrarlo en la Argentina por razones aduaneras. Así que lo llevé al Uruguay, lo vendí y con la plata que me dieron construí una casa más chica, al lado de la que hizo edificar mi padre. Ésa fue mía. Y la tuve más o menos tres o cuatro años después de que se construyera la primera, a la que siempre fui con mi padre, que falleció en 1962.

—¿Y qué se acuerda de esa segunda casa?

—Algo curioso. Los uruguayos, por alguna razón, le pusieron Los Gurises. Y se llamó Los Gurises. Así la bautizaron. También Los Gurises todavía está en pie y debo decirle que en mejor estado de salud que la otra.

—¿Siempre para pasar el verano?

—Sólo para el verano, sí.

—¿Nunca pensó en escaparse, en quedarse allí un poco más?

—Soñaba con escaparme y escribir en esa casa pero, en definitiva, nunca lo hacía. Tampoco en esa época me quedaba mucho en Buenos Aires.

—Por lo que usted cuenta, el desembarco en el balneario coincidió con el segundo gobierno de Perón. ¿Eso tuvo algo que ver con la migración hacia la península?

—Claro. Ir al Uruguay parecía un respiro. Yo viví el gobierno de Perón como una dictadura.

—¿Qué se acuerda de la Punta del Este de aquella época?

—Paseos. El mar. Una excursión a la isla Gorriti. Un paraíso.

## *Afectos y lugares*

Bioy ancló públicamente en Punta del Este ya de grande. Sus estadas y visitas previas se produjeron casi sin huella. De hecho, la crónica social de la época no tiene muchos apuntes del paso de quien, por entonces, era un escritor aún no muy conocido y opacado siempre por ese monstruo que fue Borges, su amigo desde la juventud, a quien conoció en 1932.

Borges le resultaba una sombra benéfica pero demasiado intensa, y esa situación, sumada a su proverbial humildad, lo corrió a la letra pequeña durante décadas. Lo condenó a un mundo silencioso, sin las fotos, los reportajes, el fanatismo y la cita recurrente que se concede sólo a esa figura literaria que cada sociedad da pocas veces por siglo.

Para muchos, aquel joven escritor era, más que otra cosa, un aprendiz de escritor. Un señorito *bien* que viajaba por todo el mundo. Y que tenía el derecho como la materia pendiente que nunca terminó. Y la literatura como oficio promisorio.

La posibilidad de que la promesa se convirtiera en realidad cobró forma a partir de 1940, cuando Bioy publicó *La invención de Morel,* que al año siguiente obtuvo el Premio Municipal de Literatura. Había nacido una gran novela argentina del siglo XX. Un gran relato, cuyo argumento transita por la realidad virtual, tan común en nuestros días, con la osadía de un verdadero compadrito literario. Una historia de amor y de aventuras en un terreno y un estilo que, definitivamente, no le pertenecieron a Borges.

Ambos fueron amigos de compartir mucho, no sólo la pasión por la literatura. También las aventuras y los viajes. Un cariño que se mantuvo más allá de la diferencia de edad y, sobre todo, del daño involuntario que la existencia de uno propiciaba al otro: cuando en una literatura surge un escritor de las proporciones de Borges, queda muy poco lugar para otros. Sobre todo si son contemporáneos.

«Bioy, que es mucho mejor escritor que yo, sin embargo, es menos conocido... ¡Qué suerte que tuvo!», ironizó alguna vez Borges, que nunca dejó de mencionarlo cada vez que se le pidió una opinión sobre la literatura argentina.

La impresión que da Bioy en el trato personal es la de una persona tímida, pero sólo en apariencia. Es seguro de sí mismo y se sabe seductor y vencedor. Aun así, es probable que su propia personalidad, con mucho de humildad, haya contribuido a la menor publicidad que lo rodeó durante buena parte de su vida como escritor.

Eso y las circunstancias de haber sido un señorito *bien,* que podría haber transcurrido su vida sin hacer otra cosa que ir de jolgorio en jolgorio. Y no es que esto haya faltado en la vida de Bioy: sólo sus historias amorosas merecerían un capítulo aparte. Pero lo cierto es que también se apasionó por desentrañar un mundo de ficciones que no era el suyo ni el de su clase privilegiada, para descubrir facetas más humanas.

Y, favorecido por su pertenencia a una clase aristócrata, viajó y recorrió mucho en una época en la que viajar no era tan sencillo. Por ejemplo, recuerda en sus *Memorias* una complicada llegada a Nueva York, a principios de 1949, con Silvina y una sobrina, a bordo de un barco de la compañía Moore McCormack.

Victoria Ocampo, su renombrada cuñada, los aguardaba en el muelle y tuvo que soportar con fastidio e impaciencia crecientes una larga espera hasta que la aduana revisó a fondo cada una de las numerosas valijas que transportaban. «No queríamos que nuestra recorrida por el Nuevo y el Viejo Continente se nos convirtiera en un viaje de compras», explicó después Bioy en su libro.

Fue una época de más placeres y estallidos que de reconocimiento público. Para Bioy, las disidencias con Victoria y con el grupo Sur, que ella lideraba, se hacían poco menos que insalvables. Él mismo se definía en ese tiempo como un escritor muy joven, inmaduro, desconocido, que escribía mal y que, por timidez, no hablaba de manera cortés, matizada y persuasiva. Callaba y juntaba rabia.

«No seas mierda, hablá con la gente», decía el mensaje escrito en un papelito que le hizo llegar Victoria durante un almuerzo con invitados en el Waldorf Astoria, en cuyo transcurso el joven Bioy dio muestras de tener la cabeza en otro sitio.

Sitios. Para Bioy fueron lugares y fueron las personas que lo condujeron a esos destinos. El mar tuvo para él un rostro en Punta del Este y otro, distinto, en Mar del Plata. En el balneario argentino, la casa de los Bioy queda en el elegante barrio de Los Troncos, cerca de donde también se encuentra Villa Victoria, la enorme casa de madera que su cuñada hizo importar pieza por pieza desde Europa.

En las *Memorias* de Silvina Bullrich hay una foto tomada en Mar del Plata, en febrero de 1945, en la que posa en la playa junto a un grupo en el que también figuran Silvina Ocampo y Adolfo Bioy Casares, todos ellos con sus mejores trajes de baño.

La historia viene a cuento porque pocos escritores como Bullrich supieron retratar el cambio que se produjo en Punta del Este hacia los ochenta, cuando la villa deja de ser un lugar de casas bajas y de un solo edificio alto para comenzar a virar hacia una ciudad con rascacielos frente al mar. Las temidas «torres» de las que tanto hablaba.

Bullrich, cuya pluma reflejó como ninguna la perpleja reacción de los aristócratas de siempre de la península ante la explosión del balneario, tenía trato con Bioy. Y, sin embargo, en sus primeras crónicas sociales del balneario puntaesteño, su amigo y escritor apenas si figura.

El dato refleja de algún modo lo que ocurrió en la relación de Bioy con Punta del Este. Una relación que se hizo más firme en la vejez del escritor y que en sus años de juventud fue más bien esporádica, casi casual, según se lo permitiera una pausa entre una ida a Europa, una vuelta de Estados Unidos, un compromiso de trabajo en el exterior. Siempre viajó mucho. No fue una cuestión de esnobismo o de moda. Simplemente de placer. De puro placer.

Además, estaba el campo, la pampa bonaerense que lo atrajo desde chico, iluminando los primeros años de su vida con una luz de estrellas que la noche sólo ofrece en la soledad de tierra adentro.

Señorito *bien* desde su llanto primerizo, hijo único de padres aristócratas y destinatario de todas las atenciones y cuidados que le permitía su considerable fortuna, Bioy no fue, sin embargo, un remilgado que necesitara almohadones. Cuenta una de sus idas a la estancia de Rincón Viejo en compañía de dos jóvenes amigos. La estancia había estado arrendada durante muchos años y, por las dudas de que el viejo casco no estuviera habitable, decidieron llevar una carpa para pasar la noche. Pero contó con orgullo que los tres pudieron vivir en la casa, aun cuando todos los cuartos se llovían y algunos pisos apenas podían disimular enormes hormigueros.

—Varias veces fui con Borges al campo. Nos divertimos mucho. Pero sí lamento no haber compartido jamás con él una estada en mi casa de Punta del Este. Así se dieron las cosas —dijo Bioy.

—¿Quiénes fueron sus huéspedes allí?

—En la mayoría de los casos, yo era más bien solitario.

### *Una casa, un paisaje*

Finalmente, el mar lo atrapó e hizo de la península su sitio de descanso, de relax, de reencuentro con el pasado y con la inmensidad insondable que se acerca.

—Estoy feliz. Dentro de poco me voy a Punta del Este y eso ya me pone de mejor ánimo —reveló Bioy en 1996, en un reportaje con la revista de *La Nación*.

Es un Bioy distinto. Un hombre que vivió mucho y que parece encontrar placer en el ejercicio de la confidencia y en el humor que descarga, primero que nada, contra su propia persona.

—Yo en Punta del Este soy otro. Me siento mucho mejor —dijo en esa conversación en su casa de Posadas.

—¿Y se le nota?

—Bueno, una vez me llegó el cuento de que alguien había dicho: «Lo vi a Bioy paquetísimo paseando cerca del mar». Yo me pregunto cómo alguien puede estar paquetísimo en silla de ruedas, pero bueno, ése fue el chisme que me llegó y se lo cuento.

—¿Qué le pasó en la pierna?

—Lo que a cualquiera... Me subí a una silla para tomar un libro colocado en un estante muy alto de la biblioteca... y me fui al piso.

—¿Y qué le pasó?

—Me fracturé el fémur izquierdo y tuve complicaciones en la cadera. Desde entonces, no es lo mismo —dice, y se mira la pierna con el gesto de quien lamenta la súbita flojera de un compañero de mejores aventuras.

Eso ocurrió un fin de semana de la primavera de 1992. Para entonces, Bioy ya se había parado frente al rey Juan Carlos de España para recibir el premio Cervantes. Las fotos lo muestran con el porte de un caballero, en un *jacqué* gris y el rostro sereno y adusto para inscribir su nombre en el mismo galardón en el que lo había precedido Borges.

—Se lo dije... ¿no? Desgraciadamente, nunca compartí una estadía con Borges en Punta del Este. Hubiese sido interesante.

—A los 82 años, ¿cómo son hoy sus temporadas en la península?

—Fantásticas. Me encanta ir y me encanta estar allí.

—¿Tiene casa propia todavía?

—No. No tengo nada mío. Alquilo en el edificio Vanguardia y paso temporadas maravillosas. Sé que es imposible que parezca que pueda ser tan feliz allí, pero es cierto. Cada temporada me renueva.

—¿Y cómo es un día típico suyo en el verano?

—A la mañana, me acompañan hasta la playa. Allí mismo, frente al Vanguardia. Por la tarde, duermo la siesta y después, en la silla de ruedas que empuja esta señora [por Lidia, la ayudante que acaba de entrar en la habitación] vamos hasta el centro. Fue en una de esas «caminatas» en que les conté que me vieron, según dijo el chisme, *paquetísimo* dando vueltas por la ciudad.

—¿Y qué hace en el centro?

—Paseo, pienso, recuerdo. La gente me saluda mucho. Y yo voy a las librerías, que mejoran con cada año que pasa.

—¿Qué librerías frecuenta?

—Las que hay. Pero nunca dejo de pasar por la Librería del Sol, que me ha sorprendido con algunos títulos que no se pueden encontrar en otra parte. Además, tienen todos los míos. Imagínense que, a esta altura del partido, ver eso me dio mucho placer. Recuerdo que la primera vez que fui allí, todo el personal salió a agasajarme y mandaron a buscar un fotógrafo para fotografiarme ahí mismo...

Bioy alude de ese modo al local ubicado en la calle 30 (Las Focas) y Gorlero. En realidad, la Librería del Sol abrió por 1995, pero —con otros locales, entre ellos Libros–Libros— sus dueños están en el balneario hace, por lo menos, 25 años.

Santiago, uno de los jóvenes vendedores que atiende en el lugar, recordó perfectamente el episodio de la fotografía que contó Bioy.

—Desde la primera vez que lo vi, me llamaron la atención la caballerosidad y su impecable forma de vestir —comentó Santiago. Y añadió:

—Cada vez que llega, siempre avanzada ya la tarde, se saca la gorra para descubrirse la cabeza y saluda a todos los empleados de manera muy atenta.

—¿Y qué suele comprar o consultar Bioy aquí?

—Generalmente, conversa con una de las vendedoras, Gabriela, y le pide alguna sugerencia. Aunque, por lo común, después lleva libros de autores italianos.

Sólo basta ingresar en el moderno local para descubrir, en sus estanterías de madera clara, que los libros de Bioy ocupan un lugar preferente, junto con las obras de Borges y de Cortázar.

Bioy vuelve a hablar de sus paseos por el centro de Punta del Este.

—¿Saben?, cuando veo todos esos locales, me acuerdo de los primeros años, en que no teníamos casi nada. Pero ahora les digo que esas librerías son extraordinarias y me parece que eso tiene un significado y es que el pueblo uruguayo es muy culto. Porque esos locales no están allí para perder plata. La gente les compra.

—¿Por cuánto tiempo suele quedarse en el Este?

—La última vez vine por dos meses, nomás, porque no tenía otra posibilidad. Tenía que regresar y quedarme en Buenos Aires. Pero este año tengo pensado establecerme por cuatro meses, por lo menos. Me gustaría ir de diciembre a marzo. Como corresponde.

—¿Le parece bien que hablemos de recuerdos y de gente que conoció allí?

—Tengo recuerdos de muchísima gente. Todo el mundo va a Punta del Este.

—Cuéntenos...

—Es imposible. Cada vez que bajo a la playa me saludan argentinos y uruguayos. Me he pasado mañanas enteras charlando. Encuentro gente tan hospitalaria que a veces me hace sentir como si fuera una especie de huésped a quien hay que agasajar. Y nunca me cansé de eso. Nunca pedí estar solo, porque realmente me divierto y estoy muy bien de esa forma.

—¿Y cómo hace para escribir, entonces?

—No se crean. Siempre pude trabajar.

—¿Con tanta gente alrededor?

—De todos modos, siempre me he arreglado un tiempo para escribir... Ya ven —dice sonriendo—. Como siempre, tengo argumentos inventados que tengo que redactar antes de olvidarlos... Bueno, yo me busco un tiempo y de algún modo lo logro. He escrito en la playa y he escrito en mi departamento.

—Siempre se dijo que, como sitio de trabajo, a usted le gustaría más el campo que el mar...

—No se crean. Me gusta mucho el campo. Y me gusta mucho el mar. Es claro que, por ejemplo, cuando iba al campo que fue de mi padre en la provincia de Buenos Aires, en el partido de Las Flores, bueno, ahí tenía el día entero para escribir porque no había gente. Pero como me gusta muchísimo el mar y me siento tan bien en el Vanguardia, soy feliz y trabajo un poco.

—Usted y el mar, como Hemingway...

—Sí. Aunque con Hemingway me ha pasado una cosa curiosa. Mis amigas inteligentes lo aborrecieron. Y para mí, en cambio, su prosa ha sido importantísima. Tiene una cantidad de libros espléndidos. Yo creo que me ha enseñado a escribir...

—¿Sigue usando su libretita para anotar ideas?

—Siempre.

—¿Hoy la utilizó?

—Todavía no. Quiero aclararles que no la uso todos los días. Pero sí que la reviso de vez en cuando.

*Punta del Este en sus cuentos*

Le gusta Uruguay. El mundo de la otra orilla —«la otra banda», como él le dice— que, en su historia y en su mente creadora, supo estar poblado de pretextos migratorios, políticos, amorosos y contrabandísticos.

Y, si bien Buenos Aires le es irreemplazable para la postura de lápiz en mano y papel sobre la mesa, de su relación con el balneario nació un juego para su hija Marta —una niñita por entonces—. Y de ese juego se gestó *De la forma del mundo*, un cuento en el que Bioy postula que se puede pasar de una selvática isla del Tigre a Punta del Este —separados ambos puntos por una distancia de 400 kilómetros— a través de un túnel subterráneo de no más de 20 metros.

Él cuenta en sus *Memorias* que había llevado de paseo a su hija por el parque Peralta Ramos de Mar del Plata. Y durante el paseo se le ocurrió una broma: como el bosque marplatense y el de Punta del Este le resultaron parecidos, le hizo creer a la pequeña que, en realidad, estaban en el Uruguay y que por una distracción, ella no había reparado en el cruce que habían hecho a través de un túnel subterráneo. El paseo terminó allí. Pero la broma se convirtió, poco después, en uno de los cuentos en los que Bioy refleja un poco de su relación con la península que luego eligió como sitio de retiro para el verano.

Los años pasan. Los placeres son otros pero uno no deja de buscarlos. Y Bioy tampoco: confiesa que el mundo de los sentidos se le vuelve una revolución en Punta del Este.

—Adoro los paisajes. Las vistas que uno tiene. Los atardeceres imponentes que veo todos los días —dice.

—Cuéntenos uno de sus paseos preferidos...

—No sé si es el preferido. Recuerdo, por ejemplo, yendo a la Laguna del Sauce, en la mitad del camino, digamos, uno dobla a la derecha y hace una ascensión al monte. Rodeada de árboles, hay allí una casa de té que pareciera estar en Europa pero no, está en Punta del Este. Desde luego que es cara... pero ¡qué maravilla de sitio!

—¿Por qué Punta del Este?

—Porque es un sitio fantástico.

—¿Por qué no el mar en Mar del Plata?

—Porque es otra cosa. No tiene nada que ver.

Están, también esos pequeños placeres que forman parte de la delicia del descanso: la dieta que sigue en el balneario. El dato podría asombrar porque, con sólo verlo y recordar la imagen de Bioy a través de los años, se podría pensar que este hombre delgado, anguloso y de aspecto ascético no debe haber comido nunca. Jamás.

Sin embargo, le gusta la buena cocina y ése es uno de los recuerdos que tiene de sus días en la península.

—¡No hay como las frutas y las verduras del Uruguay!— pondera.

—¿Cuáles son sus sitios favoritos para comer en la Península?

—¡Ah! Hay uno que me encanta. Allí mismo, en el edificio Vanguardia, hay un restaurante que manejan Andrés Morera y su hijo. Es extraordinario lo que hacen. Yo creo que son los mejores...

—¿Es para tanto?

—Son inmejorables. Por ejemplo, a mí el pollo me deja indiferente como comida. Ahí, sin embargo, he comido el mejor pollo de mi vida...

Bioy habla así del restaurante Andrés, ubicado al lado de la puerta principal de acceso al Vanguardia, un edificio sobre la playa Mansa que funciona como una suerte de *apart–hotel.* Fue inaugurado en 1956 y entre sus primeros propietarios estuvieron varias familias argentinas: Anchorena, Alzaga Unzué, Pereyra Iraola. Silvina Bullrich pasó, al menos, dos temporadas allí. Y Juan Manuel Fangio solía quedarse en el Vanguardia, invitado por el representante de la Ford en Maldonado.

En estos días suele verse por sus instalaciones a Daisy Chopitea y a la familia Alsogaray. Y, por supuesto, también a Bioy, que lo eligió como refugio de verano. El escritor se aloja en un apartamento del tercer piso. Desde allí tiene una estupenda vista de la isla Gorriti, de buena parte del puerto de Punta del Este y de los cerros que rodean la entrada al balneario. Con un poco de suerte, también puede apreciar los bancos de mejillones que hay en el fondo del mar y que son tan comunes en esa zona. Pero lo mejor, por supuesto, son las puestas de sol de las que habló ya Bioy.

## *Una mesa de amigos*

En cuanto a sus visitas al restaurante Andrés, sólo basta entrar en el pequeño local, situado en una especie de galería que rodea al edificio, para estar en uno de los sitios preferidos del escritor.

A los 72 años, el dueño —Andrés Morera— es un hombre simpático que abrió el lugar hace 26 años. Y confirmó no sólo la presencia de Bioy por allí sino, además, sus preferencias gastronómicas. «Nos pide consejo sobre el plato del día aunque, generalmente, termina pidiendo pollo deshuesado *grillé* a las brasas. Por lo común, con puré de calabazas o, si no, con papas gratinadas», dijo.

Bioy suele demorarse en alguna conversación con la mujer de Morera, Gladys Salomón, una maestra que dirige la cocina y que se jacta de haber leído «toda la obra de Bioy». El trato habitual con el autor de *La Guerra del Cerdo* parece haber ejercido su influjo a la hora de volcarse a los libros:

—Ya me ve. Yo soy de Rosario, en Colonia. Empecé a trabajar en esto de la gastronomía desde muy chico: tenía que comer y fui lavacopas en un bar de Rosario. Como trabajaba, apenas si pude terminar la escuela primaria. Pero mi mujer me alentó a tratar de formarme más y luego, por haberlo conocido a Bioy, leí dos de sus libros. Poco a poco me fui acostumbrando a tomarle el gusto a la lectura —dice Morera, con un gesto de humildad y una sonrisa de descubrimiento.

Tiene motivo para estar orgulloso. Formó una linda familia, y sus hijos, Andrés Junior y Analía, que es contadora, trabajan con él en el restaurante. Se trata de un local pequeño, apenas 20 mesas y una carta muy chica: siete platos artesanales, carnes grilladas, *soufflés*, hojaldres y el pollo a las brasas que suele elegir Bioy. Para postres, la opción suele rondar entre budines de naranja o de vainilla, *crêpes* de manzana o de dulce de leche. Y helados caseros. El lugar está decorado sobriamente, sin estridencias. Maderas en la pared, apliques de hierro, arreglos de flores secas y muchas botellas de vino detrás de la barra. La mayoría de las mesas son circulares y, por las noches, se las adorna con centros iluminados con velas.

—¿Y de qué habla Bioy cuando viene por acá?

—Él me trata de don Andrés y yo de don Adolfo. Para mí, eso es todo un honor. Así como el hecho de que frecuente mi restaurante. Pero yo sólo le converso cuando él toma la iniciativa y saca algún tema. Yo respeto mucho a los clientes y tengo en claro que les gusta la tranquilidad —dice Morera.

Gladys, su mujer, acota:

—Para mí, es un placer atenderlo. Es todo un caballero. Siempre que entra en el local, antes de ir a su mesa, me viene a saludar. Y lo mismo hace al retirarse. Es un gran señor.

—¿Con quién suele comer?

—Generalmente viene acompañado por algún amigo. Si no, por la señora que lo cuida y lo acompaña siempre [en alusión a Lidia]. Bioy no toma mucho vino, pero si viene acompañado, siempre deja que sea la otra persona la que haga la elección —añade Gladys.

Según los anfitriones, con frecuencia Bioy hace allí las dos comidas del día. Y, además, siempre le envían el desayuno a su departamento.

El restaurante de Andrés también es frecuentado por gente de negocios, sobre todo banqueros uruguayos y extranjeros. Es un lugar clásico de Punta del Este, que suele contar con una clientela muy fiel.

—Pero parece que tenemos algo con los escritores —dice Andrés, con expresión de quien no termina de creérselo, y añade—: Silvina Bullrich también era de nuestras clientas más mimadas. Y aunque era una mujer de mucho carácter, frontal y que incluso me retó varias veces, créanme, la extrañamos mucho. Yo, personalmente, tengo de ella un recuerdo entrañable.

Estos son los hábitos, los lugares y la gente del escritor cuya obra, a comienzos de 1990, ya había sido traducida a 16 idiomas, entre ellos, inglés, francés, alemán, italiano, holandés, polaco, rumano, checo, portugués, hebreo, ruso, húngaro y japonés.

Y que, sin duda, tuvo entre sus méritos el de sobrevivir con voz propia al lado de ese monstruo que fue Borges. En los años en que su figura se opacaba bajo la sombra de su socio y amigo, un director francés se entusiasmó con *La invención de Morel* (1940) y decidió llevarla al cine, con un *film* que se estrenó en 1967. «A raíz de la película, el libro se vendió en Francia por todo lo que no se había vendido desde 1943», dijo Bioy con el humor que lo caracteriza.

Luego vinieron *Sueño de los héroes* (1954), la novela que, de la mano de Sergio Renán, quiso ser llevada nada menos que a la ópera, en 1989. «A mí me sorprende, pero no me opongo», dijo Bioy.

A su obra se suma lo que escribió junto con su mujer, Silvina

Ocampo, una aristócrata exótica y sumamente talentosa, que le llevaba varios años, de la que se cuentan historias sabrosas y con la que formó un matrimonio singular. Según el propio Bioy, Silvina fue lo suficientemente sabia para perdonar sus múltiples infidelidades porque, después de todo, «sabía que yo siempre volvería».

Con ella recorrió el mundo. Siempre le gustaron los autos y, en algunas ocasiones, ése fue el medio que eligieron para recorrer parte de los Estados Unidos y países de Europa. Larguísimos itinerarios que los llevaron a tener contacto directo con escritores como Graham Greene, Alberto Moravia, André Breton, Italo Calvino. Y a todo eso sumó la amistad perdurable de Borges, las aventuras, los recuerdos, las lecturas.

—Bioy, todavía no hemos hablado nada de todo eso.

—Y no hay por qué. Estamos charlando de un sitio que nos gusta mucho.

—Creo que lo hemos cansado...

—No, evocar Punta del Este no me cansa, me reanima.

—Hablemos del cambio, entonces. Usted vio la Punta del Este previa a los sesenta y la que sobrevino después del cambio que generó el *boom* de las inversiones inmobiliarias. ¿Con cuál se queda?

—Yo diría que, hoy en día, hay muchos motivos para quejarse, pero a pesar de todo, a mí me gusta mucho ir allí.

—¿No añora la vieja Punta del Este?

—Añoro algunas cosas de esa época. Pero ésta me gusta tanto que no puedo pensar que haya habido una mejor. Tengo que estar hablando del tema y entonces sí caigo en la cuenta de que hubo otro tiempo.

—Bueno, es obvio que el lugar realmente lo atrae.

—Sí. Mucho —dice Bioy, con sus frases cortas.

—Entonces, y pese a que es ya muy tarde... ¿podría contarnos el mejor de todos los recuerdos que tenga de ese lugar?

Ésa fue la pregunta que abrió paso al relato de la historia de amor que contó Bioy. Y que, como él mismo dijo, marcó para siempre su relación con el balneario y la signó con una sensación de nostalgia que no llega a convertirse en pena ni en tristeza. Sólo un aire tibio en el pecho. En la mente. Y en el cuerpo.

## *Bibliografía*

ALBERTI, Rafael: *Poemas de Punta del Este, Buenos Aires en tinta china.* Seix Barral, Barcelona, 1979.

Archivo del diario *La Nación* de Buenos Aires.

BACCINO PONCE DE LEÓN, Napoleón: *Aarón de Anchorena, una vida privilegiada.* Presidencia de la República Oriental del Uruguay, Montevideo, 1998.

BARREDA LAOS, Felipe: *Punta del Este. Historia, vida, destino.* Crisol, Buenos Aires, 1965.

BIOY CASARES, Adolfo: *Historias desaforadas.* Emecé, Buenos Aires, 1986.

BIOY CASARES, Adolfo: *La invención de Morel.* Emecé, Buenos Aires, 1953.

BIOY CASARES, Adolfo: *Memorias.* Tusquets, Barcelona, 1994.

BIOY CASARES, Adolfo: *El sueño de los héroes.* Emecé, Buenos Aires, 1969.

BULLRICH, Silvina: *Los burgueses.* Sudamericana, Buenos Aires, 1964.

BULLRICH, Silvina: *La creciente.* Sudamericana, Buenos Aires, 1973.

BULLRICH, Silvina: *Mal don.* Emecé, Buenos Aires, 1968.

BULLRICH, Silvina: *Mañana digo basta.* Sudamericana, Buenos Aires, 1968.

BULLRICH, Silvina: *Mis memorias.* Emecé, Buenos Aires, 1980.

BULLRICH, Silvina: *Los pasajeros del jardín.* Emecé, Buenos Aires, 1971.

CANTÓN, Aldo H.: «Los campos de Roca», en revista *TeH*, n.º 372.

CASTELLO, José: *O poeta da paixão.* Scwarcz, San Pablo, 1997.

Diario *El País* de Montevideo, ediciones de agosto, setiembre, octubre y noviembre de 1961.

GATTÁS, Mecha, y GIURIA, Blanca: *Crónica de Punta del Este.* Linardi y Risso, Montevideo, 1979.

GORÍN, Natalio: *Astor Piazzolla. A manera de memorias.* Atlántida, Buenos Aires, 1990.

IBARGUREN, Carlos: *La historia que he vivido.* Péuser, Buenos Aires, 1955.

IRAZUSTA, Julio: *El tránsito del siglo XIX al XX.* La Bastilla, Buenos Aires, 1975.

LACALLE HERRERA, Luis Alberto: *Herrera, un nacionalismo oriental.* Ediciones de la Banda Oriental, Montevideo, 1978.

LUNA, Félix: *Soy Roca.* Sudamericana, Buenos Aires, 1990.

LUSSICH, Antonio: *Los tres gauchos orientales.* Librosur, Montevideo, 1985.

MALAMUD, Jaime: *Punta del Este, un regalo de la naturaleza.* Buenos Aires, 1995.

NEWTON, Jorge: *El general Roca, conquistador del desierto.* Claridad, Buenos Aires, 1996.

PEERS DE PERKINS, Carmen: *Crónicas del joven siglo. Cartas de Roca y Wilde.* Plus Ultra, Buenos Aires, 1976.

PRADO, José María: «El general Julio Argentino Roca, hacendado y arboricultor en la provincia de Buenos Aires», Congreso Nacional y Regional de Historia Argentina en Mendoza y San Juan, ANH, vol. 4.

SÁENZ QUESADA, María: «Roca, pionero rural», en revista *TeH,* n.º 150.

SCHURMAN, M., y COOLIGHAN, M. L.: *Historia del Uruguay,* Montevideo, 1985.

SEBRELI, Juan José: *Apogeo y ocaso de los Anchorena.* Siglo XX, Buenos Aires, 1972.

VILLEGAS SUÁREZ, Ernesto: *El bosque Lussich,* 1929.

Se terminó de imprimir en el mes de julio de 1999
en el Complejo Gráfico Satelital de Artes Gráficas
Zamphirópolos S.A. - Asunción - Paraguay
Edición amparada por el Decreto Nº 218/96
Comisión del Papel - Depósito Legal Nº 310574/98